全球經濟失控中

金融危機的隱祕週期與未來預測

智本社 著

市場崩潰、糧食危機、能源短缺……
從地緣政治到全球危機，經濟秩序的崩解與重建

大蕭條、金融危機、新冠疫情……
從景氣循環角度剖析歷史上幾次重要經濟危機

特別關注全球經濟體系中出現的風險外溢問題、
俄烏衝突對全球糧食、能源及金融市場帶來的衝擊
不僅回顧歷史，更將焦點對準當前的經濟情勢！

目錄

序　追問

前言

週期：經濟危機史

大蕭條：兩種流派的交鋒　　　　　　　　　　010

拯救雷曼：危機為何爆發？　　　　　　　　　029

美國三月股災：史詩級暴跌與沃克規則　　　　054

矽谷銀行破產：歐美銀行流動性危機為何爆發？　076

起伏：風險與化解

新冠疫情如何影響全球貨幣政策？　　　　　　096

俄烏衝突：超限戰與冷和平　　　　　　　　　117

如何化解糧食安全擔憂？　　　　　　　　　　131

戰爭的經濟學解釋　　　　　　　　　　　　　140

目錄

歷史觀

致敬保羅・沃克：半世風雲，一蓑煙雨　　158

與死神邊際賽跑：人類勝算幾何？　　205

當初二戰能否避免？　　234

大家治學

哈耶克：烏托邦的掘墓人　　252

諾獎得主柏南奇：當前大危機的始作俑者？　　273

序　追問

　　在這個時代，提出一個好問題比解惑更為珍貴。

　　2008年以來，我們經歷了什麼？金融危機、債務危機、政治民粹運動、貿易摩擦及逆向全球化、COVID-19疫情大流行、史詩級股災、供應鏈危機、生育率斷崖式下降及人口危機、國家衝突及戰爭、能源危機、糧食危機、國際秩序崩壞……世界，正滑入「馬爾薩斯災難」嗎？

　　每一個大問題都攸關人類的前途和個人的處境。但是，現代人追問能力的退化及網路傳播下資訊的泛濫，讓問題變得複雜與神祕。

　　金融危機為何爆發，是美國聯準會升息所致還是降息所致？是葛林斯潘（Alan Greenspan）的問題還是聯準會的問題？是聯準會的政策問題還是制度問題？是監督制度問題還是全球央行及法定貨幣制度問題？全球央行及法定貨幣制度問題的本質又是什麼？貨幣理論是否有問題？

　　顯然，後危機時代，我們並未深刻意識到這些問題，以致金融體系不可挽回地惡化，貨幣淪為「公地悲劇」（Tragedy of the commons）。集體行動如何避免「公地悲劇」？國家組織扮演了進步角色還是成為始作俑者？國家為何陷入「諾斯悖論」？

　　法國大革命後，民族主權國家成為人類進步的重要力量，

序　追問

國家現代化已是大勢所趨。在全球化時代，民族主權國家與經濟全球化是否會產生矛盾？當下，國家衝突是否與這一矛盾有關？全球化的認知是否有誤？未來，國家組織如何演變？

為何有些國家經濟成長快，有些國家則陷入停滯？為何有些國家的經濟成長快但家庭財富卻成長慢？這種經濟成長模式是否可持續？當貨幣增速長期大於經濟增速時，經濟將走向何方？當經濟增速長期大於家庭收入增速時，經濟又將如何演變？

貧富不均是這個時代不可迴避的問題。貧富差距的原因是什麼？正當性和不正當性在何處？貨幣政策是否加劇了不平等？福利主義是否破壞了公平競爭？

人口危機又是一大社會焦慮。生育率下降的合理因素是什麼？

生育是否是必需品？額外因素是否增加了生育成本？高齡化的問題是養老問題、成長問題還是制度問題？通貨膨脹、公共養老制度是否惡化了養老問題？

困惑，亦是我寫下百萬字且繼續寫作的動力。長期以來，我追問的線索是經濟學的思維，即個人經濟行為。不過，經濟學「埋雷」無數，同樣需要不停地追問。

追問不止，筆耕不息。智本社，與思想者同行。

清和

前言

當今世界形勢更加嚴峻複雜，總體經濟的不確定性增強。

從歷史經驗來看，經濟危機表現出週期性，但其成因和對經濟系統的脈衝卻正在發生改變。本書意圖從經濟週期的視角闡述、分析人類歷史上幾次重大經濟危機，探討危機爆發原因和化解之策。

本書分為四個部分。第一部分為「週期：經濟危機史」。本部分按照時間順序分別講解與分析1930年代大蕭條、2008年金融危機、2020年新冠疫情大流行、2022年歐美央行緊縮週期而引發的金融市場動盪，從經濟學理論、現行金融制度和經濟治理多個角度貼近歷史。

第二部分為「起伏：風險與化解」。這一部分提到了影響經濟危機的外溢性因素和應對之策，譬如〈新冠疫情如何影響全球貨幣政策？〉分析了新冠疫情誘發金融風險，全球央行貨幣政策的應對之策，以及〈如何化解糧食安全擔憂？〉試圖用經濟學的角度理解當下全球聚焦的糧食問題。

第三部分為「歷史觀」。需要解釋的是，本書的歷史觀選入了三篇文章，同樣也分別對應了經濟、疾病與戰爭三個主題，作為多元化視角的補充。這三篇文章包含大量細節，從歷史現場出發，回顧人類危機史。

前言

其中，〈致敬保羅‧沃克：半世風雲，一蓑煙雨〉一篇作為聯準會主席保羅‧沃克的傳記，重點部分便是沃克如何應對歷史性的滯脹危機；〈與死神邊際賽跑：我們勝算幾何？〉記錄了人類疾病與抗爭史；〈當初二戰能否避免？〉則追溯二戰爆發前夕的歷史，近距離洞悉歷史人物的選擇。

第四部分則為「大家治學」。本書介紹的學者是哈耶克，他幾乎目睹或親歷了跌宕起伏的 20 世紀發生的所有大事，其經濟學理論及思想對我們應對危機有參考意義。〈諾獎得主柏南奇：當前大危機的始作俑者？〉則向讀者介紹了 2022 年度諾貝爾經濟學獎三位獲獎者的著作與理論研究。

最後，期望讀者能夠在閱讀本書過程中獲得知識與樂趣，以經濟學的思維思考工作和生活中的現象與問題。本書如有疏漏之處，還望讀者給予批評指正。

週期：經濟危機史

經濟危機像一場洪水，「淹沒」資產，破壞財富，摧毀就業，推倒社會秩序和普通人的安全感，只留下盤子裡的壞麵包和魚骨頭。

無論如何，經濟危機是一種災難。然而，經濟危機並不像洪水、戰爭那麼可怕，市場的自我調節能教會我們許多事。

經濟學家，曾試圖從大蕭條中找到奧祕。不同的經濟學家、學派在此交鋒。危機過後，其緣由、邏輯和應對法則值得深思。

如今，經濟危機與全球化治理愈加緊密。貨幣制度、財政制度、貿易規則是全球化治理的重要組成部分，而當今全球化秩序崩壞、治理落後的糟糕結果，也在經濟上「砸出了一個個坑」，其餘波輻射至每個人。

當下全球經濟的脆弱性、不確定性，又會將我們引向哪裡？

週期：經濟危機史

大蕭條：兩種流派的交鋒

大蕭條，是改變人類歷史程序的一場大危機。

聯準會前主席班・柏南奇（Ben Shalom Bernanke）將美國大蕭條稱之為依舊無法觸及的「總體經濟學聖盃」。他戲謔地自稱為「大蕭條迷」：「從那些竭盡全力、試圖解決前所未聞的問題的倒楣政治家們，到那些在經濟災難中表現出英雄氣概的普通人，各式各樣迷人、悲壯的角色充滿著那個時代。並非每個時代都能讓人如此好奇。」

米塞斯（Ludwig von Mises）、哈耶克（Friedrich Hayek）、凱因斯（John Maynard Keynes）、傅利曼（Milton Friedman）等，這些曾經親歷這場大蕭條的經濟學家試圖去解釋它，甚至改變它。大蕭條，兩種截然不同的經濟學思想在此交鋒。本節從不同學派的角度分析大危機與大蕭條的成因，探尋其現實價值。

01 信貸擴張與大蕭條

大蕭條是如何產生的？

從經濟學角度來看，大危機與大蕭條是兩個概念。經濟危機是一種經濟失衡而不是市場失靈，這種失衡源自某些因素引發的集體性誤判。而大蕭條是一種市場失靈的現象，意味著自由市場喪失了自我調節能力。因此，在以下的分析中，我們均

先分析大危機,然後再分析大蕭條。

先看奧地利學派的見解。米塞斯和哈耶克的商業週期理論對經濟危機的發生過程做了完整的演繹,一度成為一種預言。

是什麼引發了1929年大危機?是什麼導致了企業家出現集體性誤判?奧地利學派認為,這源於人為干預導致信貸過度擴張,進而扭曲了市場價格和生產結構,導致企業家出現集體性誤判。

米塞斯借鑑了博姆-巴維克(Eugen von Böhm-Bawerk)的資本理論、維克塞爾(Knut Wicksell)的貨幣與利率關係的理論。他認為,當政府擴張信貸時,市場利率與自然利率發生偏差,扭曲了價格信號。企業家被過低的利率吸引進行貸款,同時被價格信號誤導,進行產業擴張,轉而投資更高級/更長週期的生產行業。隨著銀行收縮信貸,融資成本上升,債務負擔增加,一旦企業家的成本難以回收,現金流斷裂,企業破產,工人失業,經濟危機就會爆發。

哈耶克在此基礎上強調信貸擴張的真實儲蓄和生產結構的時間維度,在《價格與生產》(*Prices and Production*)中他詳細描述了商業週期的過程。他強調,銀行擴張信貸必須基於真實儲蓄,而不是自行創造貨幣。自行創造貨幣,將會扭曲利率以及商品價格,而企業家根據錯誤的利率和價格信號,就會做出錯誤的跨期配置決策。

哈耶克在美國期間便認為,1920年代美國的經濟繁榮源自

非真實儲蓄的信貸擴張,而且是不可持續的。

但是,米塞斯和哈耶克的商業週期理論必須解釋一個問題,那就是當時的美國商業銀行擴張的信貸,到底是不是基於非真實儲蓄。

其實,聯準會從成立到大蕭條之前奉行的是古典主義的清算主義思想。起初,聯準會發行貨幣的邏輯,多數源自真實的需求和真實的儲蓄。它的邏輯是這樣的,商業銀行吸收票據抵押向市場提供貸款。這是一筆真實的貸款,商業銀行提供的貸款來自真實的儲蓄。商業銀行用這些票據作為抵押向聯準會申請貸款。聯準會聯邦基金利率多透過再貼現率來調控,再貼現大多源自銀行的貼現票據的貸款。這是一種自下而上的貨幣發行邏輯。

但是,到了1920年代後期,聯準會沒有完全執行這種貨幣發行邏輯,其中最主要的原因是,黃金儲備的增加。

一戰後,美國成為歐洲多國的債權國,大量黃金流入。當時美國實施金本位制度,大量的黃金湧入,美元升值壓力增加,這給聯準會帶來難題。聯準會不得不同比例擴張美元。資料顯示,1920年代中後期,聯準會黃金準備金總量上升47.5%,導致貨幣供應總量增加了62%。而擴張美元可能導致美元貶值,引發通貨膨脹。

為了降低通膨壓力,聯準會支持商業銀行向各國發放大量貸款,試圖將美元以國際信貸的方式流出美國。1925年,紐約

銀行、J.P. 摩根公司向英國貸款共 3 億美元，在此後幾年裡也接連向比利時央行、義大利央行、波蘭央行提供貸款。

但是，大量因黃金湧入而主動超發的貨幣依然留在了國內市場，壓低了市場利率。1920 年代中後期美國的利率水準偏低，應該是低於自然利率。低利率降低了再貼現率水準，低再貼現率一定程度上拉低了銀行的警戒線，讓銀行免於擔憂危急時向聯準會貸款會面臨高額利息。資料顯示，直到 1929 年，再貼現率才從 5% 提升到 6%。

大規模貨幣流入了股票市場，刺激了股票價格上漲。1928 年下半年，股價上漲 20%，這離不開聯準會的操作。聯準會承諾並購買了超過 3 億美元的承兌匯票，這大大刺激了股市情緒。12 月 31 日，貨幣供給總量達到了 730 億美元，為 1920 年代資產泡沫的最高峰。

直到 1929 年 10 月 28 日，股市的崩潰成為最明顯的信號。隨後股票價格跌落谷底，企業家大量破產，銀行緊縮信貸，大蕭條如同流感一般蔓延到各個國家。

在奧地利學派乃至古典經濟學派看來，市場進行清算、自我調整孕育了經濟危機。隨著市場清算，誤判的企業破產，過剩的產能被消耗，市場價格下跌；當價格下降到一定程度時，市場需求增加，新的供給出現，產能緩慢擴張，價格逐漸上升；至此，經濟開始復甦，錯誤配置的資源歸正。

正如米塞斯的弟子羅斯巴德（Murray Newton Rothbard）所

說，「我們已經看到危機和蕭條究竟是什麼了，它們是由高效率的經濟體中的消費者發動的一場恢復性的運動，它們終結了繁榮帶來的扭曲。」

然而，這場經濟危機愈演愈烈，最終演變成了大蕭條。經濟學家期待的市場自我調節和經濟復甦遲遲沒有出現，自由市場失靈的質疑聲越來越多。而後，凱因斯干預主義上臺，政府干預思想統治了白宮近 40 年。這是我們所熟知的歷史。

那麼，真的是自由市場失靈了嗎？

奧地利學派的觀點是相反的──正是政府的錯誤干預導致了一場經濟危機演化為大蕭條。在 1920 年代裡，聯準會以及銀行體系擴張信貸引發了這場經濟危機。而危機發生後，政府依然靠信貸擴張來干預價格，弱化了市場懲罰機制，延緩了市場清算的時間，導致大蕭條持續蔓延。

從需求定律來看，在其他條件不變的情況下，價格提高，商品的需求量會下降，當價格下降到一定程度時，需求量就會增加，經濟自然會復甦。而大蕭條發生後，聯邦政府採用了一系列的信貸援助、救濟、維持薪資率的政策手段，這恰恰阻礙了價格的自由回落。

隨著局勢的惡化，起初堅持「自願救濟」的胡佛（Herbert Hoover）也倒向了政府救濟。1931 年 11 月，胡佛開啟了建立國家信貸公司（NCC）的計畫，以接濟瀕臨倒閉的銀行。NCC 在 3 個月不到的時間裡向 575 家銀行提供了 1.53 億美元的貸款。到

1932 年，NCC 被復興銀行公司（RFC）取代，從此大開發放信貸之門。

1932 年，RFC 獲得政府資金後，上半年就向鐵路、銀行發放了 10 億美元貸款，保證了許多銀行、信託公司免於破產。隨後，RFC 的貸款額度、涵蓋範圍越來越大。1932 年 7 月的緊急援助建設修正案通過後，RFC 可發放資產達到 38 億美元，可為各州、城市提供農產品、自償性建設項目等貸款。

羅斯巴德在《美國大蕭條》（America's Great Depression）中引用了一個很好的例子——干預小麥價格。大蕭條發生後不久，聯邦農業委員會（FFB）宣布它將根據小麥市場價格提供 1.5 億美元的貸款。隨後，胡佛召集農業組織、FFB、土地銀行為農戶提供大規模補貼，試圖以此維持小麥價格。

注意到政府對小麥價格的維持，麥農增加了小麥種植面積，第二年春天，小麥過剩的問題就顯露出來。隨後，小麥價格慘遭下跌。除了小麥，FFB 在牛油、羊毛、葡萄產業中採取的穩定價格措施都相繼失敗了。不得已之下，胡佛開始呼籲農民推倒作物、屠殺幼小的牲畜，以減少農產品的供給。

穩定勞工市場、維持就業和薪資率更被胡佛認為是「政府應肩負起的領導責任」。1929 年秋天，胡佛連續召集鋼鐵、石油、建築等行業的代表和勞工領袖前往白宮參會，請求他們不要削減薪資。

因為胡佛以及當時一些經濟學家都認為，維持雇員高薪資

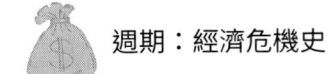

能夠提高購買力,從而增加消費。

從蕭條期到 1931 年下半年,美國的薪資率一直維持在繁榮期的水準,事實上還增加了 10%;而 1931 年後,薪資率也只是小幅下降。胡佛在演講中讚頌此舉,認為企業家「人為維持薪資率,優先犧牲紅利與利潤,是商業思維的進步」。但是,這種道德治國方略遭到了市場規律的懲罰。

在通貨緊縮時期,維持雇員薪資水準不變意味著實際薪資在上漲。這對遭受財務危機的企業來說增加了成本負擔,最終只會導致失業情況惡化。從大蕭條起始截至胡佛離任的 1933 年 3 月,美國失業人口占勞動人口的比例達到 25%,國民生產毛額下降了近一半。

奧地利學派經濟學家認為,看似主張「放任自由」的胡佛對經濟進行了一系列錯誤的干預,阻礙了價格彈性回落,耽誤了市場的自我清算過程。由於 1920 年代屢次人為製造的繁榮乃至危機後的錯誤干預,最終導致了這場無可避免的大蕭條。

02 干預主義與大蕭條

關於大危機,傅利曼在《美國貨幣史》(*A Monetary History of the United States*, 1867–1960)中給出了貨幣主義的解釋,他將之主要歸因為聯準會貨幣政策的錯誤。換言之,傅利曼與米塞斯、哈耶克類似,認為聯準會的錯誤政策是這場危機的主因。

不過，傅利曼傾向於從聯準會的機制上去找原因。

實際上，1920年代擁有鑄幣權的聯準會，對於貨幣政策應該服務於什麼目標的確缺乏一個清晰標準。在《聯邦儲備法》中，聯邦儲備體系目標包括，「提供富有彈性的通貨，提供商業票據再貼現的手段，在美國建立更有效的銀行監督」或者「以促進商業和貿易發展」而確定對商業銀行的貼現量。

作為整體的貨幣政策方針，這一規定具有相當的模糊性——比如在特定情形下，聯準會更應該把商業繁榮還是金融穩定置於首位——這使得貨幣供應似乎更加受到隨意的人為決策的影響。傅利曼認為，由於缺乏明確單一的貨幣目標，聯準會的貨幣政策不可避免地陷入達成不同經濟目標的衝突中。而當時最為明顯的衝突，存在於限制股票市場投機與促進經濟繁榮之間。

1920年代，美國的金融市場迅速發展，主要特徵是企業融資方式首次從主要依賴銀行貸款轉變為發行股票和債券。1922－1929年，美國商業銀行的投資占貸款額的比例均在40%上下波動，較高的投資比例反映了當時附屬於商業銀行的證券承銷和發行公司的運作能力，透過這些附屬機構，商業銀行在許多城市實際上變成了債券與股票的承銷商與經紀商。

證券市場的投機行為在聯準會體系內部引起了普遍的擔憂。但關於如何抑制投機性信貸的發放，紐約聯邦儲備銀行（以下簡稱紐聯儲）與聯邦儲備委員會（以下簡稱聯儲委員會）卻產生了意見分歧——傅利曼認為這是權力鬥爭的結果。紐聯儲主張，

應立即採取提高貼現率的方式,整體提升商業銀行的借貸成本,從而限制流向證券市場的貸款規模。而聯儲委員會則認為提升貼現率的方式對商業活動而言過於嚴苛,可能限制生產性信貸發放,因而主張採取直接施壓的方式,防止銀行的過度借貸。1928年5月,聯儲委員會經濟學家阿道夫‧米勒(Adolph C. Miller)就曾召集紐約各大銀行的總裁,警告他們必須減少投機活動。

紐聯儲則並不認為,直接施壓的「道德勸說」能抑制股票市場的投機活動。個別受到壓力的銀行或許會減少對華爾街經紀人的信貸發放,但這些人也可以很容易地轉而從其他銀行處獲取所需的資金,最終的結果不過是換了一批銀行向紐聯儲借款,銀行間的借貸重新組合。

在給聯儲委員會的回信中,紐聯儲寫道:「(紐聯儲)董事們相信能夠成功影響或控制國內信貸總量最可靠、最有效的方法……是貼現率手段的應用,如有必要可以輔之以公開市場操作。」

爭議的結果是,聯儲委員會數次否決紐聯儲以提升貼現率來擠壓投資泡沫的提議,而後者亦對直接施壓的策略不甚積極。直到1929年8月9日,聯儲委員會才最終允許紐聯儲提高其貼現率到6%。但紐聯儲認為,此時採取行動已為時過晚。或者說,正是此時的緊縮政策動搖了根基不甚穩固的金融市場,導致1929年危機的爆發。

衝突的根源，除了史壯（Benjamin Strong, Jr.）去世後，存在於紐聯儲和聯儲委員會之間的權力之爭，還有聯準會自身在兩個經濟目標之間的游移不定：是遏制股票市場愈加嚴重的投機行為，還是促進經濟穩定成長。

聯準會試圖從1920－1921年的緊縮政策導致的經濟危機中吸取教訓，避免採取任何中斷經濟成長的舉措。此外，金融市場泡沫也已經令人無法忽視。在兩個目標之間徘徊，聯準會於關鍵的1928－1929年猶豫不決，以致錯過了收緊信貸的最佳窗口期。

事後，傅利曼對這種貨幣政策的雙重目標做了直白的批判：「如果聯邦儲備體系的目標鎖定為遏制股票市場暴漲，那麼，它是不會在1927年採取寬鬆政策的。相反，聯邦儲備體系應該在當時而非1928年就採取緊縮政策，而且所採取的措施應當比1928年實際採取的更為嚴厲。毫無疑問，如果當初聯邦儲備體系採取了這樣的政策，牛市會終結。另一方面，如果聯邦儲備體系專心致力於1923年政策宣告中制定的促進經濟穩定成長的目標，它在1928年就應採取比實際更寬鬆的措施……」

最終的結果是，聯準會採取了一套對打破投機性繁榮而言太寬鬆，而對保持經濟健康成長而言又太嚴厲的政策。於是，1927年的寬鬆政策鼓吹了投機泡沫，1928年的逐漸收緊政策又限制了貨幣供應成長，至1929年的貨幣緊縮後，致命蕭條終於來臨。

週期：經濟危機史

　　傅利曼的解釋似乎是對政府錯誤干預的可能後果的一種說明。在關於蕭條的解釋中，傅利曼同樣堅持聯準會實施了錯誤的貨幣決策。在《美國貨幣史》中，傅利曼批判，聯準會在大蕭條期間不作為、亂作為。聯準會實施了緊縮政策，進而加速了通縮危機。在這一點上，傅利曼顯然是認可聯準會作為公共機構的干預作用的。

　　大危機爆發到 1933 年為止，美國的貨幣存量一直處於持續下降的狀態。1929 年，美國流通中的貨幣和票據加上商業銀行存款達到 264 億美元，到 1933 年時已經下降至 198 億美元，如此大規模且持續的貨幣存量下降無疑相當罕見。

　　實際上，一戰後世界各國實行金匯兌本位（即可用外匯補充黃金儲備作為貨幣發行的基礎），美國的黃金儲量在 1929 — 1933 年並非處於持續下降的趨勢。1930 年，美國黃金儲量甚至相對 1929 年有所上升，從 6,014 噸增至 6,478 噸。

　　為什麼聯準會實施了緊縮政策？

　　當時聯準會的思想主要是清算主義，傾向於私人機構的避險操作，而不是公共機構的逆週期調節。

　　聯準會前主席柏南奇分析認為，在金匯兌本位制度下，美國之所以在黃金儲量上升的前提下貨幣存量反而下降，是因為銀行恐慌和匯率危機導致的貨幣／黃金比率下降。也就是說，銀行恐慌導致了人們兌款需求增加，而為了應對這種擠兌危機，銀行需要提升準備金率；而外匯危機則會導致中央銀行將外匯

兌換成黃金，相應地，黃金在總儲備中的比率上升。

並且，對擠兌的擔憂不僅促使銀行大幅提升準備金率，同時銀行也會增加對流動性高的資產的需求，因此更少對外發放信貸。在緊縮環境下，銀行出於保護自身資產的考慮做出的決定，進一步加劇了緊縮。

大蕭條時期，美國有5分之1的商業銀行由於財務困難而停業，再加上由於主動清算、收購合併等，商業銀行數量因此減少了3分之1以上。其中，美國銀行的破產是後來被認為具有重要意義的一次事件。

1930年11月11日，美國銀行破產，流失存款額超過2億美元。

這是截至當時，發生倒閉的最大規模銀行。在該銀行倒閉前，紐約州銀行檢察長布羅德里克（Broderick）提出各種合併方案，試圖挽救它。這些方案最初看起來是有可能成功的，為此，聯準會甚至釋出宣告提名了一些理事人選。但直到最後一刻，清算所銀行退出，拒絕按照方案向重組後的銀行提供3,000萬美元的捐助。

而清算所協會主席對此則表示，美國銀行倒閉僅僅會對「本地」造成影響。事實是，美國銀行倒閉不僅造成大量儲戶資產流失，其對公眾的信心的打擊更是強大的。恐慌在儲戶之間蔓延，並且這種恐慌的蔓延並沒有受到地域的限制。

那麼公眾信心不足時，有什麼力量能恢復公眾信心？柏南奇認為是：政府。這大約也是曾經身為聯準會主席的柏南奇為自身的干預政策所做出的最佳辯護。

柏南奇認可傅利曼的判斷，當然在解釋上，使用的是凱因斯主義這套邏輯。柏南奇繼承了凱因斯的思想，認為通縮比通膨更為可怕，往往更難靠經濟的自我調適能力恢復；也繼承了費雪（Fisher）的思想，對債務——通縮螺旋頗為恐懼。

03 貧富差距與大蕭條

論及大危機與大蕭條的解釋，凱因斯是一個繞不過去的人物。

凱因斯在大蕭條時期出版了《就業、利息與貨幣的一般理論》（*The General Theory of Employment, Interest, and Money*）（以下簡稱《通論》），其對經濟危機的解釋以及干預政策，受到了政界與學界的推崇。不過，凱因斯的野心並不止於大蕭條，他試圖論證市場秩序自然走向崩潰，進而引出他的干預主義。

凱因斯的主張源自一戰。一戰改變了歐洲學者對美好世界的一切幻想，也改變了經濟學的歷史。一戰後的1920年代，美國經濟維持了高成長，但是與之相對應的是，英國經濟陷入持續低迷。英國經濟的低迷觸發了凱因斯的干預主張，他寫文章、演講呼籲政府廢除金本位，降低利率，刺激英國出口；要求政府主張投資，帶動英國閒置的機器運轉，保障工人就業；

同時，主張英國家庭婦女多消費，帶動經濟成長。

凱因斯與卡恩、羅賓遜夫人（Joan Violet Robinson）、斯拉法（Piero Sraffa）等劍橋年輕經濟學家組成五人組，經常在一起否定他們的老師馬歇爾（Alfred Marshall）的自由主義，討論干預主義主張。當然，馬歇爾的門生皮古（Arthur Cecil Pigou）、倫敦政治經濟學院的羅賓斯（Robbins）等經濟學家持反對態度。為此，哈耶克還特意趕赴英國與凱因斯展開論戰。

但是，時運站在了凱因斯這一邊。1929 年大危機爆發了，作為經濟學家，凱因斯試圖用一般性原理找到干預主義的微觀根基。準確地說是，凱因斯試圖找到市場自然崩潰的理論基礎。凱因斯否定了賽伊學說，認為應從需求端出發，將市場自然崩潰的原因界定為有效需求不足。而有效需求不足的原因又是什麼？

在《通論》中，凱因斯找到了三個心理規律作為理由，分別是邊際消費傾向遞減規律、資本邊際效率遞減規律與流動性偏好規律。

凱因斯認為，由於這三大規律的存在，自由市場定然會走向崩潰。以邊際消費傾向遞減規律來說，他認為，隨著收入的提高，邊際消費傾向遞減，用於消費的占比會減少，而投資的占比會增加，因此經濟越成長，收入越高，消費越不足，也就是有效需求不足，自由市場定然走向崩潰。

凱因斯用有效需求不足說明市場自然崩潰，從而解釋經濟危機的必然性，進而推匯出他的干預主義主張。如何干預？

週期：經濟危機史

一般認為，大蕭條時期羅斯福（Franklin D. Roosevelt）總統的「新政」是凱因斯主張的實踐方案。新政內容包括緊急銀行法，拯救大銀行；農業調節法，給農民發放補貼；社會保障法，給失業工人、殘疾人、貧困家庭發放補貼；以工代賑，擴張基建保障就業。

「新政」的思想到底是否源自凱因斯？有人說，新政不過是胡佛政府救市方案的加強版；也有人認為，羅斯福是在效仿蘇聯。其實，「新政」的總設計師是羅斯福的密友、聯準會第一任主席埃克斯（Marriner S. Eccles）。

大蕭條期間，埃克斯作為猶他州的銀行家也面臨著銀行恐慌的衝擊。為了應付急於提款的儲戶，埃克斯甚至謊稱一家聯準會的運鈔車中有自家銀行的那一部分現金。獲得新信心的儲戶散去，埃克斯和他的第一國民銀行也成功地活了下來。

這樣噩夢般的危機，埃克斯遭受了3年，事後回憶時他承認在當時的環境下，完全依靠自己生存並不是一件愉快的經歷。

憑藉與羅斯福的關係，埃克斯被任命為第一任聯準會主席。

他改變了聯準會，將凱因斯干預主義帶進了聯準會，從此清算主義退出了聯準會。當然，他一直否認自己在當時接觸過凱因斯主義的任何消息。

他擔任聯準會主席後一項重要的改革是設立「美國聯邦銀行存款保險」。該保險為小儲戶的存款提供保障，而保障來自美國政府。

也就是說，哪怕銀行陷入倒閉，小額儲戶也能收回自己的存款。保障額度上限最初是 5,000 美元，後逐漸上升至 10 萬美元。這一制度極大地減少了因擠兌導致的銀行倒閉數量，也是「新政」的最重要的成果之一。

埃克斯改變了聯準會的權力結構，他成立了公開市場操作委員會，將貨幣控制權從 12 家聯儲銀行集中到聯儲委員會。他解決了傅利曼所稱的聯準會權力鬥爭的問題，接著，埃克斯實施他的干預主義計畫。

與凱因斯、費雪以及後來的柏南奇一樣，埃克斯對通貨緊縮的恐懼大於通貨膨脹。他採用後來稱之為「逆風飛揚」的操作手段，透過擴張貨幣──甚至不惜暫時廢除金本位的方式，以應對銀行倒閉引發的債務螺旋。

埃克斯如此判斷：「1929 年到 1930 年的強大吸力讓少數人吸走了日益成長的當下財富⋯⋯透過吸走普通消費者手中的購買力，存款使用者也就會拒絕讓自己充當需要商品的有效人群，也就不再認為自己應當將資本累積重新投入到新廠房的建設中。這就像是玩撲克牌，當籌碼越來越集中到少數人手中，其他玩家也就只能透過借錢的方式繼續遊戲。一旦信貸系統出現崩潰，那麼遊戲也就結束。」

換句話說，1929 年出現的急遽通貨緊縮消耗了靠薪資收入為生的普通民眾的購買力，他們只能依靠借入更多的債務生活。然而，通貨緊縮則擴充了債權人的財富，少部分人成為受益

者。而由不穩定的信貸所支撐的消費一旦崩塌，生產也會相應萎縮。緊接著便是跌入通縮——債務螺旋。

埃克斯認為，要終止這一趨勢，唯一的辦法就是使少數人手中的貨幣重新流動起來，而能做這件事的只有政府。政府可以從少數人手中借入閒置資本，再透過各種方式將其交到多數人手中，包括修建公共設施，或對低收入人群提供福利保障，失業救濟，農業撥款等。

到這裡我們發現，「大蕭條」是經濟學思想史上的一個關鍵分歧點，古典自由主義與干預主義在此交鋒，而最重要的戰場就是聯準會。概括起來，大致有三類主張：

以哈耶克、米塞斯為代表的古典自由主義，信奉清算主義，認為錯誤干預政策導致了大危機和大蕭條，主張以真實的儲蓄供應貨幣，反對信貸氾濫和干預主義，堅持金本位貨幣和自由貨幣。

以凱因斯、埃克斯、柏南奇為代表的干預主義，對自由市場不信任，畏懼通貨緊縮，主張央行作為公共機構，向市場注入信用，實施逆週期調節，實現經濟的穩定成長。

以傅利曼代表的貨幣主義，在以上兩者之間屬於「中間路線」，認為錯誤干預政策導致了大危機和大蕭條，同時也認可央行作為公共機構的信用價值；因此，傅利曼主張的是最自由化的法定貨幣制度，即匯率自由化和利率自由化，同時採用單一目標制和定額發行貨幣的方式約束央行——傅利曼認為，聯準會應該被一臺電腦所取代。

最後，大危機與大蕭條的成因到底是什麼？

我認為，大危機的直接原因是 1920 年代中後期的信貸氾濫，而深層次原因是有效需求不足。

在信貸氾濫這一點上，哈耶克、米塞斯與傅利曼、柏南奇的主張是一致的。史壯時代的聯準會沒能完全堅持清算主義，在黃金湧入的情況下，使用了大量黃金準備超發了貨幣。

不過，對有效需求不足的觀點分歧很大，哈耶克、羅斯巴德與傅利曼都不會同意。傅利曼還否定了凱因斯有效需求不足的三大心理規律。其實，有效需求不足在當時是存在的，但它不是由凱因斯所說的三大心理規律造成的──傅利曼是對的。換言之，有效需求不足並不是市場的必然，也不能說明市場失靈。而大危機時期有效需求不足的真正原因是社會制度問題。當時的社會制度不夠完善，農民、工人及底層人士受到不公平的對待，這導致收入分配失衡。在大危機前夕，美國的貧富差距達到了歷史最高水準。很多家庭在舉債度日，缺乏真實的購買力，制度因素導致了有效需求不足。

比如，美國大選，當時接近一半的選票來自城市的工商企業人士，而婦女沒有投票權，很多農民及底層民眾可能因投票成本高而自動放棄。這時的制度容易向工商界傾斜，不利於底層民眾。直到一戰時期，威爾遜（Woodrow Wilson）總統推出一系列民權法案，這種狀況才有所改變。比如，第十九號憲法修正案確立女性投票權，亞當森法規定鐵路工人享有 8 小時工作

待遇，克萊頓反托拉斯法將反壟斷擴大到價格歧視等普遍性問題，基廷——歐文法案解決童工問題。

不過，從制度的角度去探索有效需求不足的成因，容易被指責。凱因斯對此頗為忌諱，而當時多數自由主義經濟學家也未將制度納入經濟學的考量。這導致了大蕭條後經濟學沒能走上正確的道路。

大蕭條的直接原因是干預主義，深層次原因還是有效需求不足。

這兩個層次都可以用需求定律來解釋。干預主義延緩了市場清算的時間，打破了市場的公平競爭，拖延甚至加劇了危機，導致了大蕭條持續蔓延。史蒂格勒（Stigler）認為，大蕭條時期許多國家提高關稅，實施以鄰為壑的貿易政策，阻礙了要素自由流通，實際上加劇了全球大蕭條。

當時的社會制度問題導致貧富懸殊，普通家庭有效需求不足，這使得市場清算的力度更大，物價指數下降幅度要比一般的危機更大。根據需求定律，在貧富懸殊的市場中，當物品價格下降到相當程度，普通家庭才買得起，這時市場才真正觸底，市場供應增加，就業率上升，經濟緩慢復甦。這個探底的過程可能會延續很長時間，這就是大蕭條。但是，這依然不能說明市場失靈。

可見，公正的制度是自由市場正常運轉的必要條件。當然，公共機構，如政府及央行，也有其公共信用價值，關鍵是

如何使用它——傅利曼的道路是最自由化的法定貨幣，布坎南（Buchanan）的道路是規則或憲法約束，哈耶克的道路是引入競爭。

再看如今全球經濟與貧富差距：大蕭條，歷史照進現實。

■ 參考文獻

(1) 班‧柏南奇，大蕭條 [M]，宋芳秀譯，2007.
(2) 哈耶克，價格與生產 [M]，許大川譯，1966.
(3) 默里‧羅斯巴德，美國大蕭條 [M]，謝華育譯，2009.
(4) 米爾頓‧傅利曼，安娜‧J‧許瓦茲，美國貨幣史 [M]，巴曙松，王勁松等譯，2009.
(5) 威廉‧格雷德，聯準會 [M]，耿丹譯，2013.
(6) 約翰‧梅納德‧凱因斯，就業、利息和貨幣通論 [M]，高鴻業譯，1999.

拯救雷曼：危機為何爆發？

雷曼破產，已 10 年有餘。

這一代表性事件背後依然布滿疑雲：

美國政府和聯準會為什麼不直接救助雷曼？若注資雷曼，

週期：經濟危機史

金融海嘯還會發生嗎？

美國財政部接管「兩房」[01]，聯準會對貝爾斯登、美國國際集團、高盛、摩根士丹利施以援手，是選擇性執法，還是遵循了「大到不能倒」的潛規則？

聯準會接管銀行及私營企業，是否引發道德風險？

這場金融震盪的餘波至今未消，其中的緣由、邏輯及灰度法則值得深思。

01 拯救雷曼

2008年9月12日，星期五，晚上8點，紐聯儲會議室正在緊張地召開一場關係美國國運的重要會議。

與會者包括：高盛的布蘭克梵（Lloyd Blankfein）、美林的賽恩（John Thain）、摩根士丹利的麥晉桁（John Mack）、摩根大通的戴蒙（Jamie Dimon）、花旗銀行的潘迪特（Vikram Pandit）、紐約梅隆銀行的凱利（Robert Kelly），還有瑞士信貸銀行的杜根（Brady Dougan）、法國巴黎銀行的申克、蘇格蘭皇家銀行的阿勒馬尼（Ellen Alemany）和瑞士聯合銀行的沃爾夫。

當然，還有美國財政部部長鮑爾森（Henry Paulson）和證券交易委員會主席考克斯（Christopher Cox）。

---

[01] 兩房即房利美（Fannie Mae）與房地美（Freddie Mac），是帶有政府性質的，兩個聯邦住房貸款抵押融資公司，當初是美國政府為解決老百姓的住房問題而成立的兩個住房貸款公司。

紐聯儲主席蓋特納（Timothy Franz Geithner）是本次會議的主要召集人，他的目標只有一個，那就是達成一個救助雷曼的協議。

不過，雷曼及其潛在收購者美國銀行卻沒有收到邀請。

「感謝各位在這麼短的時間內趕到。」鮑爾森財政部長道出了他的開場白。

接下來，他簡單地介紹了雷曼岌岌可危的情況，並督促週末前必須找到解決辦法。為了讓與會者知道解決方案的重點，鮑爾森直截了當地說：「別指望政府撥款，解決問題的主角是你們。」

「如果雷曼不存在了，我們的日子會更加難過，你們應該出手。」鮑爾森接著說。

當天早上鮑爾森與聯準會主席柏南奇共進早餐，他們對此交換了意見，雙方都表示應盡量避免雷曼在混亂中倒閉，鼓勵私營部門自己解決自己的問題。

只是柏南奇不明白鮑爾森為何要如此強硬表態。他沒有追問鮑爾森原因，但猜測其原因應該是鮑爾森因救助「兩房」而感到沮喪，他不想讓自己成為救助華爾街的代言人。

紐聯儲主席蓋特納也表示，聯準會不會提供「特別的信貸支援」。他同樣以近乎威脅的語氣跟大家說：「如果你們找不到合適的解決方案，下週一一開市，恐慌情緒就會蔓延，一個局部

週期：經濟危機史

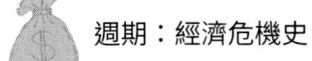

問題將轉變為一場大災難，整個金融體系都將面臨危險。」

鮑爾森和柏南奇捂緊口袋的目的，是想逼迫華爾街金融人士們出錢救助雷曼，畢竟禍是他們惹出來的。但是，在座的高層們卻希望財政部或聯準會出手，他們有些人將鮑爾森的威脅視作是一種賽局策略。

一場複雜的權力及利益賽局漸入佳境。

會議前幾個小時，金融高層們都不急於表態，畢竟他們都還不清楚雷曼的真實家底。

會議室的隔壁，鮑爾森指定高盛、瑞士信貸組成核算小組，正在評估雷曼的真實資產。核算小組的律師、審計師、會計師將雷曼的帳目查了個徹底。

鮑爾森財政部長對各位金融高層的消極態度感到憤怒：「這事關係到整個美國的經濟安全，我會記住沒有出力的人。」

說完，要求與會者第二天上午9點繼續來此開會。

第二天（9月13日）早上，核算小組公布了他們的評估資料。

他們認為，雷曼當前的資產價值應該打個六折，甚至更低。

這一結果使大家跌破眼鏡，收購事宜立即陷入悲觀境地。

柏南奇甚至懷疑高盛是否故意壓低了數字，誇大了風險。蓋特納向柏南奇解釋，存在這種可能，高盛和瑞士信貸共同評估的價值要遠低於雷曼自己宣稱的，這讓市場很難相信雷曼公司。

這一天，與會者將注意力放在美國銀行身上。美國銀行之前

表態，願意用部分貸款加股權的方式對雷曼進行收購。不過，美國銀行希望政府能夠提供部分融資。但鮑爾森不希望財政部出錢，這次會議的目的是想讓各位金融高層出這筆錢。

其實，這也是柏南奇的想法。華爾街各金融公司共同提供資金支援或擔保，協助美國銀行或巴克萊銀行收購雷曼。萬一兩家銀行都不願意收購，那就採用合作機制，用整個金融行業的力量，防止雷曼在混亂無序中崩潰。就像10年前救助美國長期資本管理公司一樣。

不過，柏南奇忽略了一個事實：10年前大家攜手救助長期資本管理公司時，雷曼公司起初想一分不出，後被迫出資1億美元，距離最初承諾差1.5億美元。

13日（週六）上午，在美國銀行辦公室，雷曼與美國銀行的談判團隊緊張地磋商。到下午1點多，雙方基本達成主要收購條款，律師團隊正要起草收購協議。1點17分，美國銀行其中一位代表外出接了一個電話。回來後，他表示很遺憾，董事會要他們終止收購。

雷曼談判方如晴天霹靂。此時，雷曼才知道，與他們談判的同時，美國銀行也在與同樣陷入困境的美林談判。而且美林向美國銀行「開出了無法拒絕的條件」。

在12日的會議上，雷曼和美國銀行都沒有參加，美林清楚美國銀行是他們為數不多的買家之一，而且他們正在與雷曼接觸。整晚的會議都在指望美國銀行收購雷曼。在這種情況下，

美林的賽恩表現出極強的求生欲，果斷攔截，偷偷聯絡美國銀行，並以「賤賣」的方式死死抱住這位金主。

實際上，鮑爾森財政部長試圖以雷曼倒閉有可能引發金融災難作為威脅，逼迫金融高層們就範。

但是，美林、美國國際集團，甚至高盛這些金融龍頭正在考慮的是如何自保。

會後，摩根大通的戴蒙召開了一場高階主管電話會議，他非常嚴肅地對24位高階主管說：「我們必須馬上為雷曼申請破產做準備。」他接著又說：「還有美林……美國國際集團……摩根士丹利。」最後，他還補充了一句：「可能高盛也會申請破產。」

不過，鮑爾森、蓋特納、柏南奇似乎沒有這麼強的危機感。在他們看來，美國銀行拒絕雷曼雖然令人感到遺憾，但是他們願意拯救美林，那也是一樁「美事」，至少不用美國政府出錢。

接下來，所有人都將希望投向第二位潛在買家──英國巴克萊銀行，這實際上是雷曼最後一根救命稻草。

英國巴克萊銀行沒有投資銀行業務，為了進入美國市場，他們願意以100億美元的價格收購剝離「有毒資產」後的雷曼。

在8月，雷曼CEO富爾德（Fuld）提出了拆分計畫，將雷曼的問題資產和其他涉及房貸的資產剝離出來，組成一家「壞銀行」；將最佳資產和優質業務合併為「好銀行」。透過出售「好銀行」融資，為「壞銀行」注資。

當時，韓國產業銀行對富爾德這一計畫感興趣，對雷曼提出了收購要約。他們本來有機會達成合作，但富爾德嫌棄對方出價太低。9月8日，韓國金融監管機構對這樁交易提出批評，這直接導致韓國產業銀行放棄收購。

韓國產業銀行的退出，對雷曼的打擊很大。當天，雷曼股價就從14.15美元降至7.79美元，不少意向收購者都選擇退縮。富爾德還向巴菲特（Warren Buffett）、英國、中國等一些買家協商過收購事宜，但最終都未能成功。

實際上很多人都有一個疑問，「壞銀行」的債權人能否向「好銀行」追訴要求索賠？

9月14日（週日），鮑爾森與蓋特納來到會議廳，對大家宣布了一個與會者都知道的好消息，13日晚上，英國巴克萊銀行擬定了一整套收購雷曼的計畫，並已經準備執行。

如今唯一的障礙是該計畫需要其他銀行提供足夠的資金為雷曼的不良資產融資，總共需要約330億美元。蓋特納要求在場的高層們給個數，制定一個詳細的出資計畫。

英國巴克萊銀行的收購熱情給予各位高層們充分的信心，除了美林和貝爾斯登明確表示不願意出資外，其他銀行家都圍成一圈開始認繳出資額，其中摩根大通的戴蒙最為積極。

正當他們以為一切都妥當時，英國金融管理局的負責人麥卡錫（McCarthy）向蓋特納打來電話。麥卡錫告知蓋特納，英國

週期：經濟危機史

金融管理局仍需要評估巴克萊是否具有合適的資本結構來承擔收購雷曼的風險。

結束通話電話後的蓋特納，氣憤地衝進鮑爾森的辦公室，告知鮑爾森及考克斯英國金融監管當局可能否決這筆交易的事情。

鮑爾森當即表示不敢相信。他要考克斯再向麥卡錫打個電話確認一下。得到同樣的答覆後，鮑爾森親自撥通了英國財政大臣達林（Darling）的電話，對方同樣表示，對這筆交易的潛在風險感到焦慮，巴克萊銀行收購雷曼會對英國金融安全帶來威脅。

掛掉電話後，鮑爾森狠狠地說了一句：「我們被英國人耍了，他們不想進口『我們的癌症』。」此時，他還想打電話給小布希（George W. Bush）總統，讓總統與英國首相布朗（Gordon Brown）溝通，看能否有迴旋餘地。不過，他從達林的口中似乎已經聽出，這件事布朗首相已知情。於是，他放棄了最後的爭取。

「為什麼我們之前沒有想到？這太瘋狂了。」蓋特納大叫一聲。

鮑爾森、柏南奇、蓋特納以及華爾街高層們犯了一個嚴重的錯誤，他們壓根兒就沒有考慮到，英國金融監管當局會否決這筆交易，也沒有第二個替代方案。

當時，人人自危。2007年次貸危機愈演愈烈，貝爾斯登在

聯準會的保護下被摩根大通收購，房地美、房利美被財政部接管。各家金融公司意識到雷曼的「有毒資產」規模龐大且關係複雜，可能引發金融震盪，「傳染」到自身。所有人都在為自己尋找退路。

美國政府、華爾街金融機構都不想為雷曼做點什麼或承擔什麼。英國財政大臣達林提醒鮑爾森：「我們需要確定將承擔什麼以及美國政府願意做什麼。」

鮑爾森的回答是：「那我們束手無策。」顯然，華爾街各高層、英國政府也會以同樣的態度回敬。

這一天，對雷曼來說，是絕望的一天。

過完週日，留給雷曼的時日不多了。

英國巴克萊銀行收購雷曼流產，鮑爾森立即意識到雷曼破產已不可避免。於是，鮑爾森、柏南奇這些原本雷曼的救援者，立即轉變為「拔管者」。他們緊急督促雷曼董事會盡快申請破產，越快越好，以防止糟糕的市場預期蔓延。

9月15日凌晨1點，雷曼董事會宣布：「雷曼向聯邦政府申請11號破產保護法案。」

至此，這家經營歷史長達158年的公司，成了美國歷史上規模最大的投資銀行破產案例。

02 雷曼時刻

2008年9月15日，星期一，早晨，雷曼總部大廈已擠滿了記者。員工們進入各自辦公室，將個人物品打包。當他們提著行李箱離開時，有些人臉色凝重，有些人抱頭哭泣，有些人則情緒失控對擁擠上來的記者怒斥。

這家負債高達6,130億美元的公司轟然倒塌，除了2萬多名員工失業外，還引發了金融市場的連鎖反應。

上午一開盤，美股便遭遇了「黑色星期一」，道瓊指數創「911」事件以來單日最大下跌點數與跌幅，全球股市也隨之一瀉千里。

次日，亞太股市，日本、香港、韓國跌幅都超過5%。

至此，全球經濟遭遇雷曼時刻，次貸危機最終釀成了一場世界級的金融海嘯。

就在雷曼宣布申請破產的同時，美國銀行宣布，以440億美元的總價收購美國第三大投資銀行美林公司。

受雷曼的衝擊，美國僅存的兩家獨立投資銀行高盛和摩根士丹利也遭遇不小的麻煩。情況緊急的當屬美國國際集團（AIG），這家美國最大工商保險機構涉及大量「有毒資產」，其中包括住房抵押貸款支持證券。

雷曼申請破產後，抵押貸款違約規模大增，大量購買此類保險的金融機構及交易對手紛紛向美國國際集團索賠。若得不

到資金救助，這家公司可能撐不了幾天，甚至幾個小時。

16日，下午4點，小布希總統召集財政部長鮑爾森、聯準會主席柏南奇、顧問成員以及其他金融監管機構代表，在白宮羅斯福廳召開高級別會議。

總統一改往日輕鬆幽默的風格，臉色憂鬱，並直言不諱地問道：「我們怎麼走到了今天這個地步？」

當時正坐在總統對面的柏南奇，後來回憶說：「這個問題振聾發聵。」

我們先從雷曼說起。這家公司在申請破產前是美國第四大投資銀行，擁有158年的經營歷史，曾經數次歷險，但都逢凶化吉，越做越大，有著「19條命的貓」的稱號。

不過，真正讓雷曼脫胎換骨的是富爾德。富爾德於1969年加入雷曼，此人能力極強，性情暴躁，追求盈利目標，行事風格激進。

在雷曼從美國運通獨立出來後（1994年），富爾德成為公司的掌舵人，開始帶領公司屢創佳績。

2006年，《財星》雜誌的一篇文章盛讚雷曼之前10年內實現了「歷來最卓越的經營業績」，並認為「富爾德對雷曼的改造如此之全面，以至於這不太像執行長的做派，而更像是創始人的做派」。

不過，雷曼的業績神話是由高槓桿撬動的。這家公司6,390

億美元資產裡面注入了大量的「有毒資產」。

富爾德為了做大資產，大力進軍商業地產、槓桿貸款以及住房抵押貸款支持證券等領域，在突破風控的前提下，為已經負債累累的公司提供貸款。其中，對雷曼造成直接傷害的是，信用違約交換（CDS）合約。

這是一種普遍的金融衍生品，屬於金融資產的違約保險。比如雷曼公司發行 10 億美元債券，你認購了部分債券，但是又擔心有風險。這個時候怎麼辦？

你可以選擇為這筆投資購買一份保險，這就是 CDS。若雷曼這筆債券未違約，你定期支付保費即可；若雷曼違約，賣方承擔你的資產損失。

葛林斯潘擔任聯準會主席時，大力支持信用違約交換合約，認為這是一項重要的金融創新，分散了美國的信用風險，提升了整個金融系統的抗風險韌性。他認為，銀行比政府更有動力和能力來監管這一金融衍生品的風險，從而使其游離於聯準會的監管之外。

然而，信用違約交換使用櫃檯交易，缺乏中央清算系統，沒有集中交易報價系統，沒有交易準備金做保障，沒有政府的系統監管。這就導致交易行為的非理性以及債務規模的膨脹。

首先，放貸機構、債券購買者依託著 CDS 的保障不顧風險大肆放貸，雷曼這類的投資銀行突破了風控制度，發放了大規

模次貸。

其次,美國國際集團這類保險公司發行了大量的 CDS 產品,一旦市場出現違約潮,他們將面臨鉅額的賠付壓力。

美國國際集團旗下有家公司名叫「美國國際集團金融產品公司(AIG-FP)」,這家公司經營了大量信貸違約交換衍生品。由於監管缺失以及美國國際集團間接的名譽擔保,客戶並沒有要求這家公司提高交易保證金,如此這家公司長期處於輕資產、高風險營運狀態。

最後,最為關鍵的是信用違約交換違背了最初降低金融資產風險的初衷,異化為保險合約買賣雙方的對賭行為。買賣雙方都可以與信用保險的金融資產毫無關係,他們將賭注押在信用違約事件是否發生上。

比如雷曼發行了 10 億美元債券,你不需要購買他的債券產品即可購買這一債券的 CDS。你賭雷曼是否違約,如果雷曼到期無法兌付這筆債券,那麼你將獲得一筆「保險賠償」。這實際上與賭馬無異。

所以,信用違約交換就演化為對手交易——一股強大的做空勢力。若發生違約,持有信用違約交換的機構將大賺。事實上,當時高盛正好持有大規模的雷曼金融產品的信用違約交換,只要雷曼違約,高盛則大賺一筆。當然,高盛並不希望看到雷曼倒閉引發連鎖反應。

2007 年全球 CDS 市場的價值總額高達 62 兆美元，遠超當年美國 GDP 總量的 14.48 兆美元，而美國次級抵押債券的總價值不過 7 兆美元。根據 2007 年第三季的統計，美國前 25 家銀行持有的 CDS 產品價值高達 14 兆美元。

所以，雷曼倒閉後帶來違約風險，光信用違約交換就可以破壞看似龐大的金融體系。而信用違約交換，還只是美國複雜的金融鏈條中的一環。

在整個違約事件中，雷曼並非孤立的。實際上，從聯準會、聯邦政府到投資銀行、次級貸款者、其他金融機構都是參與者。

自 1980 年代雷根（Ronald Reagan）政府開始，在強勢美元的支持下，美國開啟了金融資本主義模式，金融持續繁榮，股票和地產迎來史詩級的大牛市，但其終結於 2007 年的次貸危機。

在這種模式下，美國社會陷入兩極分化，金融機構及跨國公司獲利頗豐，製造企業及藍領工人收入成長緩慢，貧富分化和社會矛盾逐漸突顯。

1990－2008 年，老布希（George H. W. Bush）、柯林頓（Bill Clinton）、小布希 3 位總統以提高住房自有率為目標，倡導住房自有的「美國夢」。然而，完成這一目標的主要方法並非財政稅收的轉移支付，而是金融刺激手段。

從 1980 年代開始，美國的聯邦基金利率和房貸利率均持續

下降。到了小布希政府時期,為了應對 2001 年的經濟衰退,葛林斯潘採取了低利率政策,市場利率連續 3 年降到 2%以下。

在低利率的刺激下,美國的流動性嚴重過剩,金融市場異常繁榮,房地產和股票價格不斷上漲,大量金融衍生品出現,其中包括大規模的 CDS 以及次級抵押貸款。

當時薪水階級可以輕鬆地從銀行開出 50 萬美元的住房抵押證明,一個月後就可以拿到貸款。房地美、房利美為眾多不符合條件的貸款者辦理了大量的次級抵押貸款合約。

這些貸款合約被貝爾斯登、雷曼、美林等投資銀行收購,他們將其視為金融「原材料」,透過層層切割打包、證券化,製作成一系列複雜的金融衍生品,然後投放到金融市場中。

這些複雜的金融產品是美國經濟繁榮的驅動力,金融部門創造了當時企業利潤總額的 40%以上(2000 年後至金融危機之前)。

2007 年,華爾街金融界從業人士的總薪酬高達 530 億美元。

其中,高盛支付的薪水總額為 200 億美元。金融衍生品的複雜性大大強化了金融的脆弱性,這些拿著高薪的金融菁英們,沒有一個人真正了解金融衍生品鏈條中的風險。

所有人都覺得自己將風險轉移出去了,但是實際上每一個環節都在增加風險。雪球滾得越大,風險就越大,因為「原料」本身就是一個「毒資產」。在整個鏈條中,原本降低資產風險的違

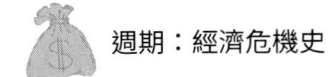

約保險 CDS 變成了擊潰這一泡沫的核彈。

自 2005 年開始，聯準會為了抑制流動性氾濫選擇提高利率，從 2004 年的 1.35% 提高到 2007 年的 5.02%。

利率快速上升，次級貸款違約潮爆發，CDS 償付風險大增。

2007 年 8 月，市值高達 2 兆美元的次級貸款市場開始崩潰。美國第五大投行貝爾斯登旗下的兩檔主要做次級貸款衍生品交易的避險基金崩盤，投資者損失了 16 億美元。

次貸危機爆發。

次貸危機，本質上是資產負債表危機，技術層面上源於風控失當。但每個國家銀行、金融風控失當的原因各有不同。

在全球融資市場以及金融衍生品最發達的國家，這場次貸危機主要來自流動性氾濫和金融寬監管放縱下的金融創新玩過頭了。投資銀行盲目相信違約保險，大規模開發、交易次級貸款衍生品，直接醞釀了危機。

在拉美債務危機期間，巴西、墨西哥等國家的銀行體系風控失當，主要來自政府部門的大規模借貸，根源上則是銀行系統的國有化或非獨立性所致。

而亞洲金融危機時期，韓國銀行系統遭受外溢性風險的主要原因是，本土財閥勢力盲目借貸，惡化了銀行系統的風控體系和資產負債表。

所以，銀行系統的風控，守住的是金融脈衝的閥門。

03 接管爭議

時至今日,雷曼的倒閉都充滿著各種疑雲和爭議。

最令人不解的是,為什麼美國財政部長鮑爾森或聯準會主席柏南奇不直接救助雷曼?或者說,如果有一方接管了雷曼,避免了這張西洋骨牌倒下,那麼金融危機還會爆發嗎?另外,也有一大批人對美國官方接管貝爾斯登、「兩房」、美國國際集團等做法大加批判。

貝爾斯登在雷曼之前就已爆發危機,貝爾斯登持有大量債務抵押債券,投資者大量兌付現金,導致其現金儲備枯竭,公司瀕臨倒閉。

當時,紐聯儲主席蓋特納發現了這一系統性風險,隨即上報聯準會。聯準會與財政部聯合干預,聯邦儲備局緊急支援300億美元協助,支持摩根大通收購貝爾斯登。美國政府的這次行動,向市場釋放了一個救助信號。

接下來,鮑爾森財政部長直接接管了早已陷入漩渦之中的「兩房」——房地美、房利美。具體方案是,財政部向房地美、房利美注資,並收購相關優先股;政府相關監管機構接管「兩房」的日常業務,同時任命新領導人。

房地美、房利美是美國最大的兩家住房抵押貸款公司。它們曾經是聯邦政府旗下的機構,後來雖然私有化了,但長期獲得政府的補貼。本質上,這是兩家賺錢了歸私人老闆、虧錢了

納稅人買單的企業。所以,「兩房」某種程度上綁架了聯邦政府的信用。

對於鮑爾森來說,除了救助,別無選擇。鮑爾森對外稱:「房利美的問題使金融市場面臨系統性風險,接管這兩大機構是當前保護市場和納稅人的『最佳手段』。」

不過,鮑爾森對「兩房」的接管,引發了市場的道德風險。同時,大量的批評者認為,不應該拿納稅人的錢去救助這些貪得無厭的高層。

當時《華爾街日報》說:「如果聯邦政府機構在救助貝爾斯登和房利美之後,再出手救助雷曼,那就無異於表示政府會為所有陷入危機的機構收尾,聯邦政府的這個政策將鼓勵更多不計後果的冒險行為。」

於是,下一個輪到雷曼時,鮑爾森的態度發生了逆轉。

起初,幾乎所有人包括雷曼 CEO 富爾德都認為,鮑爾森不會見死不救。但是,這一次鮑爾森的態度極為堅決,從始至終堅持財政部不會出資救助雷曼。

氣急敗壞的富爾德認為,財政部袖手旁觀是雷曼破產的主要原因。當然,這也是他推卸責任最好的藉口。

為什麼鮑爾森救了貝爾斯登、房地美、房利美,唯獨讓雷曼赴死?

事實上,鮑爾森並非袖手旁觀,他確實付出了極大的努力,

試圖拯救雷曼。但是，他的策略不再是直接救助，而是逼迫華爾街高層們出錢共度難關。啟動市場的力量化解市場的系統性風險，這固然是理想的辦法，但其中的分歧大大超出鮑爾森的預料。

鮑爾森、柏南奇都意識到，之前對貝爾斯登和「兩房」的救助，已經引發了市場的道德風險，也遭遇了鋪天蓋地的批判。他們這次堅持不讓道德風險蔓延，同時也試圖讓一家金融機構破產以儆效尤。

事實上，「殺雞儆猴」的案例，在世界金融監管史上也有先例。

日本泡沫危機之後，金融監管當局有意打破不允許金融機構破產的「護送船團方式」，讓日本四大證券公司之一的山一證券以及大型銀行北海道拓殖銀行破產，以監管手段懲戒市場，抑制道德風險。

當然，鮑爾森和柏南奇並不敢下這麼大的賭注，畢竟他們很清楚，雷曼的體量對美國金融界來說意味著什麼。

在確認雷曼破產不可避免後，鮑爾森和柏南奇向小布希總統做了詳細彙報。小布希總統的態度是，他不想看到雷曼破產，但尊重鮑爾森的做法，不希望財政部直接接管雷曼。

2008年是總統大選年，若小布希過度強調政府救助，定然不利於共和黨繼續贏得大選。就在雷曼申請破產前不久，共和黨在競選綱領中明確宣布：「我們不支持政府救助私營機構。」

之前，政府對貝爾斯登的干預，尤其是財政部對「兩房」的接管，讓鮑爾森和小布希總統陷於非議之中。

所以，從外部因素來說，雷曼時運不濟，正好在這個節骨眼上成為政治與市場賽局的犧牲品。但，雷曼自身的問題更大。

雷曼的破產，最終讓鮑爾森、柏南奇以及小布希總統左右為難、裡外不是人。

鮑爾森和柏南奇彙報完關於雷曼即將破產的工作後，他們立即又向總統提出緊急援助美國國際集團的計畫。

柏南奇的理由是，拯救這家公司的動機絕對不是希望幫助它的股東或雇員，而是美國整個經濟體系都無法承受這家公司破產。

美國國際集團的資產規模超過 1 兆美元，比雷曼多出 50％以上，在全球範圍內擁有 7,400 多萬個企業與個人客戶。

更重要的是，這家公司的主營業務本身問題不大，可以說很優質，但其主要問題是涉及大量 CDS。如今雷曼倒閉，違約潮帶來的大規模賠付壓力，導致這家公司可能會立即破產。

柏南奇非常嚴肅地對小布希總統說：「由於國際業務關聯程度非常深，一旦美國國際集團破產，很可能會導致美國和其他國家更多金融龍頭的崩潰。」

鮑爾森也在一旁提醒總統，救助美國國際集團是必要的，而且能夠選擇的餘地不多。市場上沒有任何一家機構願意收

購它或為其提供貸款，政府也沒有足夠的資金接管。若美國國際集團還有足夠的抵押資產，只能由聯準會出手，為其提供貸款，使其免於倒閉。

關於是否救助美國國際集團，小布希總統選擇信任鮑爾森和柏南奇的判斷和做法。

雷曼的倒閉，似乎表達了白宮對市場的懲戒態度。但當系統性危機發生時，「大到不能倒」的邏輯似乎又成立了。

不過，邏輯之下其實還有很多關鍵細節。並非所有的「大」機構都可以得到聯準會的救助。

向小布希總統彙報結束後，鮑爾森和柏南奇又馬不停蹄地趕往國會山莊。在那裡，他們必須向難纏的議員們解釋清楚，為什麼要救助美國國際集團。

各種刁難的問題撲面而來，其中有議員問道聯準會是否有權借錢給一家保險公司。

一般情況下，聯準會可以借錢給銀行和儲蓄機構。柏南奇的解釋是，根據《聯邦儲備法》第 13 條第 3 款，在「異常和緊急情況」下，如果有 5 個或以上聯準會理事會成員表決同意，聯準會可以向任何個人、合夥企業或機構發放貸款。

會議持續了幾個小時，議員們已顯露疲態，他們開始意識到危機臨近，對柏南奇和鮑爾森的做法沒有提出太多反對意見。

會議結束後，疲憊不堪的柏南奇回到聯準會辦公室。紐聯

儲的蓋特納正好向他打來電話說，美國國際集團董事會已經同意了他們提出的條件。

要得到聯準會的救助，需要滿足一定條件。出於謹慎，柏南奇向美國國際集團提出了非常苛刻的條件。「因為我們不想去獎勵一個失敗的公司，也不想鼓勵其他公司效仿美國國際集團去承擔可能引發破產的風險。」柏南奇回憶說。

聯準會給美國國際集團的貸款利息很高，注資後占股比例要接近 80%。而美國國際集團的優勢是，其主營業務資產還十分健康、優質。

不過，柏南奇對此還是感到極為不安。如果這次救援行動失敗，市場對聯準會的危機掌控能力的信任將受到毀滅性的打擊。

聯準會誕生於 1907 年金融危機之後，成立的初衷是避免銀行倒閉潮。然而大蕭條期間，聯準會的功能沒能承受住考驗，甚至還成為大蕭條的罪魁禍首（傅利曼觀點）。

在美國歷史上，這是政府機構對市場介入程度最深、干預力度最大的一次救援，如果失敗，聯準會能否承擔得起這個責任？在國會上，議員們已明確將所有責任都推給柏南奇和鮑爾森。總統定然會為他們辯護，但是小布希總統再過幾個月就要卸任了。

柏南奇最終還是鼓起「行動的勇氣」，「做他人不能做不願做，卻又必須要做的事情」。

在雷曼宣布申請破產的第二天，聯準會對外宣布，授權紐聯儲為美國國際集團提供 850 億美元的貸款。

市場普遍認為，雷曼持有大量「有毒資產」，主營業務的淨資產已經大幅度貶值，只剩六折或更少，缺乏優質資產做抵押或吸引注資，已不具備向聯準會申請貸款的條件。這是雷曼無法得到聯準會營救的關鍵。

就連高盛和摩根士丹利，它們也只能「曲線救國」。作為僅存的兩家獨立投行，高盛和摩根士丹利向聯準會提出轉為銀行控股公司的請求。聯準會於 2008 年 9 月 21 日批准了這兩家投資銀行的請求。

高盛和摩根士丹利「變身」之後，它們才可以與其他商業銀行一樣永久獲得從聯準會緊急貸款的權利，以此度過難關。

事實上，聯準會作為「最後貸款人」的角色，極為不討好，且備受爭議。

9 月 15 日，鮑爾森與柏南奇對雷曼見死不救，市場還普遍認同。但第二天，這兩人卻對美國國際集團施以援手。批評聲排山倒海般湧來，經濟學家樊尚‧萊因哈特（Vincent Reinhart）說：「政府跟雷曼劃清了界限，現在卻把這條線上的一部分抹掉了。」

有人戲稱，「美國對自由市場的承諾只維持了週一那一天」，並將 9 月 15 日（週一）定為「自由市場紀念日」。

週期：經濟危機史

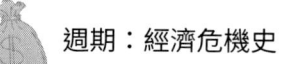

美國東方航空公司執行長弗蘭克・博爾曼（Frank Borman）曾經說過一句經典的話：「沒有破產的資本主義就像沒有地獄的基督教。」

破產，確實是市場的一部分，也是市場啟動懲罰機制的表現。

若聯準會、財政部不讓企業破產，這是否意味著破壞市場機制？是否意味著助長貪得無厭的金融高層們繼續冒險？

億萬富翁威廉・柏金斯曾花重金買下《紐約時報》的整版廣告，刊登了一幅漫畫，上面繪有布希、鮑爾森、柏南奇像硫磺島戰役中美國海軍陸戰隊插旗勇士一樣，將一面旗幟插上了資本主義的墓地。以此諷刺他們對私營企業的營救行為。

柏南奇做了一個具體的比喻來解釋其出手援救的正當性：一個男人在自家床上吸菸不小心點著了被褥，屋內起火並失控；此時，你正好居住在他的隔壁，那你是否應加入救火行列？我們一起將火撲滅，是否意味著助長這位鄰居繼續在床上吸菸？事實上，此時我們顧不上道德風險。

後來，隨著金融危機的蔓延，柏南奇啟動了「大規模資產購買」，即透過購買「兩房」債券、抵押貸款支持證券、國庫券等方式向市場釋放更多的流動性。此舉我們通常稱之為「量化寬鬆」。

柏南奇的做法在程序上是合法的，他使得聯準會承擔起了「最後貸款人」的職責——這是目前世界上主要國家央行的關鍵職責。

英國19世紀傳奇經濟學家白芝浩（Walter Bagehot）在著名的小冊子《倫巴底街》（*Lombard Street*）中，首次提出央行充當「最後貸款人」的職責：在金融危機時，銀行應當慷慨放貸，但只放給經營穩健、擁有優質抵押品的公司，而且要以足夠高的、能嚇走非急用錢者的利率來放貸。人們將其稱之為「白芝浩原則」。

這一原則所引發的爭議一直都在，如道德風險、「大到不能倒」、權力尋租、用納稅人的錢為冒險家「擦屁股」、助長金融高層冒險並屢屢觸發金融危機等等。

但除此之外，又似乎別無選擇。

鮑爾森和柏南奇的救援行動，被認為是這次世界性經濟危機未引發大蕭條的關鍵。不過，這次危機的餘波在全世界並未完全消失，這些救援行動的危害依然在不斷擴散。

但，我們永遠叫不醒一個裝睡的人。

■ 參考文獻

(1) 班・柏南奇，行動的勇氣［M］，蔣宗強譯，2016.

(2) 安德魯・羅斯・索爾金，大到不能倒，潘山卓譯，2010.

(3) 瑞・達利歐，債務危機［M］，趙燦，熊建偉，劉波等譯，2019.

週期：經濟危機史

美國三月股災：史詩級暴跌與沃克規則

2020 年 3 月，美股在 10 天內 4 次熔斷。從股市表現來看，這次股災下跌速度超過 1929 年大危機和 1987 年股災，回撤幅度超過 1929 年和 2008 年兩次大危機，快速逼近 1987 年股災。

從 2020 年 2 月 19 日到 3 月 21 日，美股指數已跌去 40%。前兩次大危機時，股市跌到這個程度已經爆發了系統性風險，但是這次暫時還沒有。接下來的走勢，到目前為止有兩種不同的觀點：

一是認為當前正處於經濟危機的邊緣，或正滑向類似於 1929 年和 2008 年這兩次級別的大危機。不少總體經濟指標顯示，美國經濟處於危機的邊緣。

二是認為這次股災類似於 1987 年股災，不會引發經濟危機。

支持這一觀點的理由是，這次股災與 1987 年類似，美國經濟的總體基本面沒有問題，處於經濟上升週期。

1987 年「黑色星期一」後，整個 10 月，美股下跌了 22.6%。但是，在聯準會實施寬鬆政策後，美股在第二年第一季便收復失地，第二季美國經濟增速達 5.4%。

經濟危機，在經濟學上並沒有嚴格的定義，一般指爆發系統性風險，具體表現為大量企業倒閉、工人失業、債務崩盤、信用塌陷、產能銳減、市場動盪等。

接下來，美國經濟到底走向類似於兩次大危機的深淵，還是形同 1987 年股災後涉險過關？

本節對比 2008 年經濟危機前與 2020 年股災前的槓桿結構及資產負債表，探索股災與疫情疊加下的美國經濟走勢──是否會發生經濟危機。

01 金融危機如何爆發？

回顧 1929 年、2008 年兩次大危機，當股指跌去 40％時，全球已經深陷危機之中。為何「這次不一樣」？

事實上，很多總體指數（如宏觀槓桿率、貧富差距）都預示著美國正在逼近經濟危機。比如，2008 年金融危機後，美國的宏觀槓桿率有所下降，但是 2015 年後開始緩慢抬升，到 2020 年已經超過金融危機時的水準。

微觀上，槓桿率可區分為政府槓桿率、金融部門槓桿率、非金融部門槓桿率和居民槓桿率。

2008 年金融危機爆發前，宏觀槓桿率從 2004 年迅速增加了 50 個百分點。其中，金融部門槓桿率和居民槓桿率上升迅速。

當時，美國的槓桿率走向主要是由金融部門主導的。在次貸危機之前，美國的金融增加值占 GDP 的比例達 7.5％。這說明美國金融風險非常高。

美國金融部門的槓桿率主要集中在投資銀行，尤其集中在

大規模的金融衍生品。

在 2008 年金融危機爆發前，美國商業銀行的槓桿率為 10～12 倍，投資銀行的槓桿率達到 20～25 倍。加上表外槓桿率 20 倍，當時美國投資銀行的槓桿率超過 40 倍。

2007 年底，美國五大投資銀行（高盛、摩根士丹利、美林、雷曼、貝爾斯登）的資產總額為 4.3 兆美元，股權資本為 2,003 億美元，槓桿率為 21.5 倍。加上表外負債 17.8 兆美元。由此推測，當時美國五大投資銀行的真實槓桿率超過 110 倍。

當時，美國快速擴大的衍生品規模，迅速推高了投資銀行的槓桿率。

危機爆發前，國際市場的金融衍生品交易規模與 2003 年相比增加了 4 倍。2007 年 1－5 月，美國市場上不同衍生產品槓桿率總體保持在 1～99 倍，平均水準達到 35.6 倍。

這五大投資銀行手握大規模的金融衍生品，其中雷曼最甚。

雷曼，擁有 158 年的經營歷史，破產之前為美國第四大投資銀行。但雷曼真正崛起於富爾德時代，或直接說是衍生品時代。

雷曼的業績神話，是由高槓桿撬動的。富爾德掌管雷曼後，他大舉進軍次級住房抵押債券及相關金融衍生品領域。擊垮雷曼的是信用違約交換合約的衍生品。

這是一種常見的金融衍生品，屬於金融資產的違約保險。

2007 年全球信用違約交換合約市場的價值總額高達 62 兆美元，遠超過當年美國 GDP 總量的 14.48 兆美元，而美國次級抵押債券的總價值不過 7 兆美元。根據 2007 年第三季的統計，美國前 25 家銀行持有的信用違約交換合約價值高達 14 兆美元。

雷曼賭博式地押注次級住房抵押債券和信用違約交換合約，規模快速膨脹，2006 年實現了「歷來最卓越的經營業績」。

但是，當時雷曼的表內槓桿率已經超過 30 倍，遠高於五大投資銀行的平均水準。次貸危機爆發後，雷曼手上掌握的 6,390 億美元資產淪為「有毒資產」。聯準會、美國財政部、華爾街龍頭望而卻步，最終雷曼破產引發明斯基時刻。

為什麼雷曼破產、資產價格崩盤，引發了金融海嘯？

因為當時美國實行金融混業經營，投資銀行與商業銀行的業務高度關聯，投資銀行的金融衍生品崩盤後直接擊穿了防火牆，引發商業銀行、實體企業及美國家庭的破產危機。

1929 年大危機引發大蕭條，為了防範金融風險，美國國會頒布了《格拉斯 —— 斯蒂格爾法案》，將投資銀行業務與商業銀行業務嚴格劃分。這個法案推出後，美國商業銀行不得包銷和經營證券，也不能控股投資銀行。

《格拉斯 —— 斯蒂格爾法案》被稱為「金融防火牆」，防止商業銀行被證券業務風險感染，可以保護銀行和家庭資產。

布列敦森林制度解體後，浮動匯率的套利空間刺激了投資

銀行的興起。當時的聯準會主席葛林斯潘認為，該法案約束了美國金融成長。

1999 年，葛林斯潘與柯林頓總統蓄謀已久，一起推動廢除了《格拉斯 —— 斯蒂格爾法案》。從此，美國結束了長達 66 年之久的金融分業歷史，消除了銀行、證券、保險在業務上的邊界，進入金融混業時代。

金融混業開啟了金融衍生品創新的「潘朵拉魔盒」，再加上流動性的支持，創富與危機並存。

2000 年，美國遭遇了網際網路泡沫。這場股災打亂了葛林斯潘的操作節奏，被迫緊急降息救市。

2001 年，美國遭遇了恐怖襲擊，葛林斯潘不得不繼續下調利率應對「911」事件對美國經濟的衝擊。

接下來的兩年，小布希政府啟動全球反恐行動，包括發動阿富汗戰爭和伊拉克戰爭。

2004 年，為了提振國民的自信心和爭取連任，小布希政府提出了再造美國住房夢計畫。

2004 年 10 月，小布希在華盛頓競選連任的演講時提出：「任何一個家庭搬進自己擁有的房子都會感到美國比其他國家強。」

這樣一來，從 2000 年開始到 2004 年，葛林斯潘不得不將利率長期維持在零附近，從而向市場釋放了大規模的流動性。

在這流動性氾濫的 4 年裡，花旗銀行、摩根大通等商業銀

行轉變為全能銀行，大舉進入投資銀行業務。美國實體企業、家庭紛紛將資產配置在日益攀升的金融資產上，尤其是金融衍生品上。

危機爆發之前，美國金融企業的利潤占到全部上市公司利潤的比例從 20 年前的 5％上升至 40％。美國製造業占 GDP 的比例，從 50 年代的 27％下滑至 12.1％。美國家庭 88％的財富都配置在金融資產上。

最關鍵的是，金融混業拆除了商業銀行與投資銀行、家庭資產與金融資產、實體經濟與金融市場之間的防火牆。投資銀行將債權債務的風險轉嫁到許多家庭與實體企業身上。雷曼破產導致企業、金融及家庭部門的資產負債表迅速惡化。

以美國國際集團為例。

在危機爆發之前，美國國際集團依然是一家資產優質的保險大廠，資產規模超 1 兆美元。但是，這家公司旗下的美國國際集團金融產品公司，與雷曼一樣經營了大量的信用違約交換合約。

由於金融監管缺失以及美國國際集團的間接的名譽擔保，這家公司長期處於輕資產、高風險營運狀態。

雷曼倒閉後，美國國際集團遭遇雙重打擊：

一是信用違約交換合約崩盤，美國國際集團金融產品公司手上的資產成為「有毒資產」。

二是雷曼倒閉，引發連鎖反應，大量金融公司破產，美國國際集團原有優質的保險業務，面臨難以承擔的賠付壓力。

為什麼雷曼倒閉，衍生品崩盤，會牽連成千上萬的美國家庭？

2008年金融危機發端於美國家庭的次貸危機。

我們來看看美國的金融結構：

這次金融泡沫最底層的信用基礎是住房信貸，包括優質信貸、中間級和次級貸款，由美國商業銀行發放。

美國金融公司以房屋信貸為「原料」，透過層層切割打包、證券化，製作成一系列複雜的金融衍生品。

第二層是抵押支持債券（MBS），即房地美、房利美收購商業銀行手上的抵押住房貸款，然後將其打包成標準化的金融產品發行證券，出售給投資銀行。

投資銀行可以在抵押債券基礎上，衍生出擔保債務憑證（CDO）、信用違約交換合約等衍生品。

這種結構是一個倒金字塔結構，從住房信貸到金融衍生品，每往上加一層，槓桿都在不同程度地放大，風險也隨之上升。一旦住房信貸的次級貸款崩盤，這個金融大廈就會垮臺。

但是，正如安德魯・羅斯・索爾金（Andrew Ross Sorkin）在其著名的《大到不能倒》（*Too Big to Fail*）中所寫：「這是一個關於冒險家的故事：他們敢冒一切風險，並已承受著龐大的風險，但又固執地認為自己沒有冒任何風險。」

這些身經百戰的華爾街機構怎麼會意識不到次級貸款的風險？

主要原因有兩個：

一是隱性擔保。

在這條鏈中，由於聯邦住房管理局、吉利美及「兩房」的存在，政府相當於扮演了隱性擔保者的角色。

房地美、房利美雖然已是私人機構，但是與美國政府有著千絲萬縷的關係。同時，「兩房」發行的抵押債券還是聯準會的重要資產之一。

「兩房」敢收住房信貸合約，商業銀行就敢發放次級貸款，雷曼、貝爾斯登等投資銀行就敢擴大衍生品規模。

截至 2008 年金融危機爆發之前，機構住房抵押債券的債務規模達到了近 8 兆美元。其中，「兩房」的住房抵押債券總額高達 4 兆美元。

還有一點，「兩房」及機構發行的住房抵押債券，資產還算優質，風險相對較低。從 1980 年代開始，金融監管放鬆後，非金融機構也可以發行住房抵押債券，它們手上的資產包含了大規模的次級貸款。

二是避險基金。

華爾街很多基金經理認為，衍生品的對沖機制可以有效地分散風險。

當時很多投資者都相信衍生品可以化解風險。

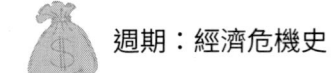

以 CDS 為例。

CDS 本身是一種保險合約，倘若發行方違約，購買方便可獲得賠付。因此，只要雷曼違約，購買了 CDS 的客戶就可以獲得一筆「保險賠償」。葛林斯潘也認為，做空勢力對雷曼等投資銀行的冒險行為形成制約，同時降低個體家庭投資者的風險。

但是，信用違約交換合約突破了最初降低金融資產風險的初衷，異化為保險合約買賣雙方的對賭行為，引發交易行為的非理性以及債務規模的膨脹。

2005 年，葛林斯潘似乎看到了「魔鬼」，快速啟動新一輪的緊縮週期。但是，到了 2007 年，聯準會僅將利率提高 5%，美國家庭的資產負債表就已崩盤（利息增加），大規模的次級貸款違約。

2007 年 8 月，市值高達 2 兆美元的次級貸款市場開始崩潰，引發整個金融系統的雪崩。一年後，雷曼倒閉引發金融危機。

02 股災能否引爆危機？

2008 年金融危機爆發後，美國宏觀槓桿率逐步下降，但近些年攀升到危機前的水準。這一資料支持 2020 年股災可能引發 2008 年級別的大危機。

但是，光看宏觀槓桿率不夠，關鍵還得看微觀結構。

2008 年金融危機至今，美國金融業的內在結構發生了如下變化：

◎結構調整：居民和企業去槓桿，政府加槓桿

2008年金融危機爆發後，美國各部門的槓桿率發生了顯著的變化：居民槓桿率大幅度下滑，政府槓桿率大幅度上升，企業槓桿率先迅速下降後緩慢上升；同時，金融部門的槓桿率大幅下降。

先看居民槓桿率。

次貸危機導致美國大量中產階層破產，對美國家庭實施了一次暴風驟雨般的去槓桿行動。到這次股災之前，美國居民槓桿率從次貸危機前的103%下降到了70%以上。

再看金融部門的槓桿率。

大量金融衍生品違約及金融公司倒閉，加上歐巴馬（Barack Obama）政府上臺後強化金融監管，清理了大量的金融衍生品，尤其是對沖、高風險品種，直接降低了金融部門的槓桿率。

以美國四大銀行為例：高盛、摩根士丹利、美國銀行（收購了美林證券）、摩根大通（收購了貝爾斯登）。

2008年金融危機時，四大銀行經歷了四大蛻變：

一是槓桿率大幅度下降。

金融危機之前，摩根士丹利槓桿率達到33.4倍（2007年）；危機後，槓桿率驟降至12.96倍，之後進一步下降至2018年的10.88倍。

高盛整體槓桿率由2007年的22.37倍下降至11.01倍。

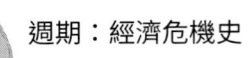

美國銀行是商業銀行（投資銀行業務少），其槓桿率從2007年的11.69倍下降至2018年的8.67倍。

二是資產分布得到優化，資產品質更高，現金流更加充足。

2018年，高盛的現金及等價物占資產的比重從2007年的1.06%上升到13.57%；美國銀行從2.48%上升到7.47%；摩根士丹利從2.45%上升到5.58%。

三是四大銀行的負債結構得到最佳化，長期債務比重增加，負債穩定性更高、風險更低。

2018年，高盛與摩根士丹利的抵押融資占總負債的比例，分別從2007年的23.70%和37.79%，下降到15.43%和9.21%。高盛與摩根士丹利的長期借款占負債的比例，分別從2007年的15.35%和18.8%，上升到25.82%和24.17%。

2018年美國銀行總存款占負債的比例，從2007年的51.2%上升至64.6%。

四是業務結構得到最佳化，高槓桿、高風險的衍生品業務大幅度減少。

以高盛為例，高盛的各類證券及衍生品占收入的比重，從由2008年的59.18%下降至2017年的18.41%。低風險的投資管理服務創造的收入占比從2010年的11.92%上升至2017年的18.09%。

摩根大通的交易性金融資產占總營業收入的比例，從2008

年的 37.25% 下降至 2017 年的 8.07%。

這四大「蛻變」，降低了四大銀行的債務風險和經營風險，增強了流動性和抗風險的能力。這四大銀行及美國金融機構，對 2020 年股災的抗風險能力，遠遠高於 2007 年次貸危機時。這是 2020 年股災暫時未誘發金融危機的重要原因。

最後看美國政府的槓桿率。

聯準會大規模擴表和美國財政部擴張財政，促使美國政府槓桿率快速上升。2019 年美國政府槓桿率從金融危機之前的低於 60%，迅速上升到 100% 以上。

聯準會第一輪量化寬鬆購買了 1.25 兆美元的抵押貸款支持證券、3,000 億美元的國債。第二輪量化寬鬆，又購買了 6,000 億美元的國債。第三輪量化寬鬆，國債購買量在 5,000 億美元左右。

截至 2020 年 3 月，聯準會的資產負債表擴張到了 4.5 兆美元左右；美國政府赤字擴大到 1.8 兆美元，國債規模擴大到 22 兆美元。其中，歐巴馬執政 8 年「貢獻」了近 10 兆美元國債，川普執政 3 年「貢獻」了 3 兆美元國債。

可以看出，這兩次金融「泡沫」的信用基礎發生了變化。2008 年美國的金融金字塔底部的信用基石是大規模的住房抵押貸款，包含大規模的次級貸款。如今美國金融的信用基石是大規模的國債。

總體資料顯示，美國金融岌岌可危：聯準會擴表、國債膨

脹和對沖衍生品（做空）減少，推動美股10年大牛；美國金融增加值占GDP的比例又回到7.3%左右，接近2008年金融危機前的水準；美國宏觀槓桿率已經達到金融危機前的水準。

但是，2008年之後，美國槓桿微觀結構的調整，使信用基石發生了變化，美國家庭槓桿率和金融槓桿率都大幅度下降，所以，這次股災並未直接引發經濟危機。

◎金融監管：沃克規則在一定程度上起到了防火牆的作用

2008年金融危機，最嚴重的問題是家庭部門大規模地參與到高風險的金融衍生品中。信用違約交換合約違約直接惡化了美國家庭的資產負債表。

歐巴馬上臺後邀請聯準會前主席保羅・沃克（Paul Volcker）出山擔任美國總統經濟復甦顧問委員會主席。2010年1月21日，歐巴馬宣布對美國銀行業進行重大改革，禁止銀行利用聯邦政府承保的存款進行高風險的自營業務投資，並且反對金融業內更進一步的合併。

歐巴馬趁此良機「消費」了一把沃克，他把這項改革命名為「沃克法則」。

所謂沃克規則，就是要將金融機構的自營業務與商業銀行業務分開來，銀行想做自營業務，就不能使用客戶存款和聯邦政府低息貸款。

沃克的初衷是想透過一部簡單的法律，隔離來自高槓桿、

對沖及金融衍生品的風險,最大限度地限制金融龍頭從事投機交易。

這其實是對葛林斯潘廢除《格拉斯 —— 斯蒂格爾法》及金融混業過度投機的一種矯正。

時間回到1987年5月1日,那天聯準會理事會投票表決,同意批准3家控股銀行 —— 花旗集團、信孚銀行以及J.P.摩根公司承銷特定的債券。這一決定實際上違反了1933年通過的《格拉斯 —— 斯蒂格爾法》。

當時的聯準會主席正是沃克。他意識到,這一決定意味著金融混業時代開啟,商業銀行從事投資銀行業務將製造極大的金融風險。於是,沃克投了反對票,但無奈雷根總統間接控制了聯準會理事會的多數票。

一個月後,沃克因此辭去了聯準會主席職務,葛林斯潘取而代之。

所以,沃克法則,某種程度上可以說是沃克當年離開聯準會時對放鬆金融監管的一種回應。次貸危機再一次證明了沃克當年堅決反對放鬆金融監管是多麼的明智。

2010年,「沃克規則」被寫入美國金融改革法 ——《多德 —— 弗蘭克法案》之中。

在參議院就金融監管法案中舉行的「沃克規則」聽證會上,當有議員質疑他提議加強金融監管的法規是過時之舉時,83歲

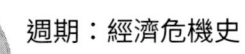

的沃克如此回敬對方：

「我在此想明確地告訴你，如果銀行機構仍靠納稅人的錢提供保護，繼續隨意投機的話，危機還是會發生的。我老了，恐怕活不到危機捲土重來的那一天，但我的靈魂會回來纏住你們不放！」

2019年12月9日，沃克逝世。

僅3個月後，股災爆發，「沃克規則」發揮作用，美國家庭部門及金融系統並未立即爆發危機。這也算是告慰沃克在天之靈。

「沃克規則」具體是怎樣隔離風險的？

沃克規則禁止商業銀行擁有或資助對私募基金和避險基金的投資。在商業銀行的風控體系內，如果某一證券組合的「風險價值」很高時，商業銀行不但不能繼續給予流動性支持，還必須撤回相關信貸。

沃克規則的長期實施，可以降低美國商業銀行的信貸風險。

一旦危機發生，又可立即切割。反過來，投資銀行考慮到商業銀行在危機時會「抽梯子」，也會更注重風險的控制。

儘管2020年股災前道瓊指數比2008年危機爆發前還高近3倍，美國家庭財富92%（比2008年危機爆發前高4個百分點）都配置在金融資產上，但是這次股災沒有立即引發經濟危機。重要原因是家庭部門的有效去槓桿以及沃克規則隔離了風險。

但是，美國政府大幅度加槓桿以及沃克規則，不是將風險

都轉嫁到了美國政府和金融機構身上嗎？

美國股災爆發後，金融部門資產大幅縮水，商業銀行又「見死不救」，投資銀行資產負債表迅速惡化。這難道不發生金融危機嗎？

這其實是相當危險的。

這就是聯準會「All In」的主要原因。

2020年3月3日緊急降息後，聯準會在3月16日直接將利率下降到零，同時啟動規模達7,000億美元的量化寬鬆。

很多人不明白，聯準會為什麼要把「子彈」打光？

股災爆發後，金融市場立即陷入流動性危機。流動性都去哪裡了？

流動性陷阱其實說明市場顯靈，銀行捂緊錢袋不敢放貸。這種情況下在雷曼時刻也出現過。

但這次一個重要原因是沃克規則的硬約束。商業銀行不能給予投資銀行流動性支持。

這可怎麼辦？

只能聯準會親自出馬。

除了將利息降到零外，聯準會用7,000億美元購買國債和抵押證券。這樣做的好處是，危機出現後，聯準會只需要針對投資銀行實施救援，救助的對象更加精準，涉及面更小。

但是，這種做法效果似乎並不明顯。銀行不能也不敢向深

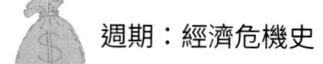

陷危機的投資銀行放貸，利率到零也無濟於事。股災爆發後，聯準會已經購買了 3,000 多億美元的國債和抵押證券，市場的流動性依然非常匱乏。

03 真正的魔鬼是什麼？

為什麼聯準會依然還要這麼做？

聯準會其實是為川普（Donald Trump）敞開借債的大門，零利率和購買國債，可以最大幅度地降低聯邦政府融資的成本，以支持其大規模的財政擴張，進而為市場注入足夠的流動性。

這一次，很多人的觀點與經濟學家史迪格里茲（Joseph Stiglitz）類似，即貨幣政策的效果不如財政政策。

2008 年金融危機時，市場都渴望聯準會救市，聯準會利息降到零外加量化寬鬆，最終「力挽狂瀾」。但是，為什麼這次人們的期望卻發生了變化？

2008 年金融危機的「魔鬼」是次貸，是信用違約交換合約，這次「魔鬼」是新冠疫情，而不是股災。

美股是「灰犀牛」，疫情則是「黑天鵝」。「黑天鵝」閃襲了「灰犀牛」，並不斷地深度衝擊實體經濟。

所以，聯準會此舉旨在：

一是救美國政府。

2008 年金融危機後，政府槓桿率大幅度提升，風險轉移到政府部門身上，股災爆發後，國債收益率降到歷史低位。

如今美國的國債成為金融資產的信用基礎（長期也是），是美國這輪資產泡沫金字塔的基石。美國投資銀行、投資者都持有大規模的國債或相關金融產品。聯準會購買國債，向市場釋放流動性，試圖阻止資產價格雪崩。

二是讓美國政府「曲線救市」，應對疫情對實體經濟的衝擊。

2020 年初，新冠疫情已經「世界大流行」，美國、歐洲還沒看到控制疫情的希望。各國競相關閉邊境、停飛國際班機，一些州市開始封鎖，降低商業、商務活動，零售業、航空業、旅遊業遭遇重創。

在美國 22 兆美元的 GDP 中，有 15 兆美元是消費創造的。

如果疫情持續在美國蔓延，或者美國因抗擊疫情而封城、宵禁，經濟災難將不可避免：

一方面加劇股災的悲觀預期，將投資銀行及金融機構逼向破產的邊緣，甚至引發金融危機。

另一方面重創實體經濟，企業破產和工人失業增加，實體企業及美國家庭的資產負債表趨於惡化，甚至爆發債務危機。

值得注意的是，2008 年金融危機後，美國非金融部門的槓桿率快速下降，但如今已超過 70%，高於 2008 年金融危機前的水準。

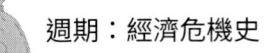

這是疫情衝擊下的關鍵隱患。

2020年3月13日,川普已宣布釋放500億美元的聯邦緊急資金用於醫療方面;同時提供2,000億美元的流動性以穩定市場,要求國會向小企業管理局增加500億美元資金。同時,聯邦政府將納稅截止日期推遲90天,預計推遲繳納稅款總額達3,000億美元。

2020年3月,財政部長梅努欽(Steven Mnuchin)將請求國會議員通過8,500億美元甚至更大規模的刺激方案。他還表示,聯準會和財政部爭取提供「不設限的流動性」。

當然,聯準會並非「繳械投降」、束手無策。利率指標相當敏感,多數人都將聯準會的行動聚焦於利率調節(價格調節),而忽視其背後的公開市場操作(數量調節)。聯準會將利率下調到零,依然還可以使用數量調節的武器。

3月20日,聯準會宣布大幅提高與加拿大央行、英國央行、日本央行、歐洲央行、瑞士央行的7天期貨幣互換頻率。此次操作旨在為國內外家庭和企業提供信用支持。

聯準會還宣布擴大MMLF(貨幣市場共同基金流動性工具)擔保品的範圍,將市政短期債務(12個月期以內)也納入其中。這種操作是利用市政債券為投資銀行提供貸款做擔保。

聯準會在2020年3月17日設立商業票據融資機制。此舉是為了繞過銀行直接向企業放貸,財政部外匯穩定基金為該機

制提供 100 億美元的信用擔保。

為了應對更大的不確定性，美國財政部和聯準會甚至考慮為市場提供「不設限的流動性」。

聯準會為何能夠「直升機撒錢」式救市？

美國國債已達天量，聯準會還可以大肆印刷美元，支持美國財政部繼續借債，主要是基於美元信用。

股災爆發後，聯準會將利率下調到零，美元指數反而大漲，美元兌英鎊、人民幣、盧布等多數貨幣都大幅升值。

美元指數大漲其實是一個危險信號，說明市場避險情緒濃厚，金融資產拋售風險龐大。

但是，對美國來說這並不是最壞的。若美元指數下跌才是最可怕的。這樣，聯準會就不能繼續擴表，提供「無限流動性」救市。

美元指數大漲，反而可以支持聯準會持續擴張。

為什麼美股大跌美元指數反而上漲？為什麼國際資金不流向歐元、英鎊、日圓？

美元的信用基於美國綜合國力，而不僅僅是金融或美股。美股暴跌，美國感冒了，但其他國家卻是重病。自 2020 年 2 月 19 日美股最高點算起，德國 DAX、法國 CAC40、俄羅斯 RTS 和英國富時 100 的跌幅都超過美股三大股指。聯準會將利率下調至零，但是歐洲、日本早已在負利率的泥潭中掙扎。

信用貨幣的競爭規則是相對實力，而不是絕對實力（金本位

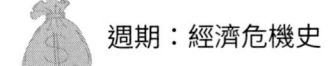

是基於黃金儲備的絕對實力）。危機爆發後，投資者選擇「矮子中的高個子」避險，那就是美元了。

最後，本節的結論是：

一是透過比較 2008 年金融危機前與 2008 年股災前的美國槓桿率結構變化，我們發現金融與家庭部門的槓桿率下降以及沃克規則（金融監管、風險隔離），是 2020 年股災暫時未引爆金融危機的重要原因。

二是危機爆發於債務崩盤，而非資產價格坍縮。

債務未崩盤之前，股災只能算是技術性熊市，經濟下滑屬於週期性衰退；一旦債務崩盤，股災則演變為金融危機，經濟下滑則演變為經濟危機。

債務崩盤源於債務螺旋引發的流動性枯竭。債務，是風險；流動性，是生命。

次貸危機期間，美國房地產價值蒸發了 5.5 兆美元，引發了債務螺旋效應：

房地產資產縮水，意味著整體金融資產大幅度縮水（乘數效應）；資產縮水導致銀行下調授信額度，降低市場流動性，企業借貸成本上升；企業進而拋售資產以回流資金，但資產拋售又引發資產價格下跌，導致銀行授信額度進一步下調……如此惡性循環，實體經濟將陷入衰退乃至蕭條的境地。

值得一提的是，債務螺旋（「債務 —— 通縮」理論）的提出

者歐文・費雪（Irving Fisher），在 1929 年大危機之前是當時世界最富有的經濟學家。

但是，大危機、大蕭條使其深陷債務螺旋，最終家庭破產，窮困潦倒。

聯準會前主席班・柏南奇是大蕭條的重要研究者，他在費雪研究的基礎上提出金融加速器理論。柏南奇認為，在資訊不對稱等條件下，一家原本資產負債表健康的企業，也可能因遭遇外部突然襲擊（「黑天鵝」事件）而倒閉，甚至衝擊到總體經濟，引發經濟危機或衰退。

這次新冠疫情可能引發的經濟危機，將更可能沿著柏南奇「金融加速器」的路徑爆發。

三是如果經濟危機能夠避免，那麼經濟衰退則無法阻擋。

通常認為，一國公共債務／GDP 的比例超過 90%，真實 GDP 成長率就會開始下降。目前，美國這一數字已超過 100%。

2008 年金融危機後，聯準會大規模的救市行動將危機分散、推後與轉移。此後，美國經濟陷入將近 10 年的低成長──薪資成長都超過勞動生產率的成長，負債成長都大大超過稅收能力。

這次新冠疫情救市，聯準會再次開閘，美國國債定然大幅度擴張，或再次將危機分散、推後與轉移。預計資本邊際收益率遞減規律再次發揮作用，新一輪的週期性衰退是大機率事件。

週期：經濟危機史

■ 參考文獻

(1) 歐陽輝，劉一楠，金融危機十週年：美國投資銀行發展與轉型 [EB/OL]，(2018-09-30) [2023-01-02].

(2) 歐文·費雪，繁榮與蕭條 [M]，李彬譯，2014.

矽谷銀行破產：
歐美銀行流動性危機為何爆發？

閃崩、接管、破產，矽谷銀行走這三步只用了 48 小時。

然而，危機仍在發酵。儘管聯準會、聯邦財政部和聯邦存款保險聯合接管了矽谷銀行，為儲戶存款收尾，但是風險繼續外溢。繼矽谷銀行之後，簽名銀行被關閉；二者先後創下了美國歷史上第二大、第三大銀行破產案（以資產規模計）。其中，矽谷銀行破產還是 2008 年金融危機以來美國最大的一宗銀行倒閉案。

全球金融股市值三天蒸發 4,650 億美元，銀行股價慘遭「屠殺」。2023 年 3 月 13 日，作為銀行股基準的費城證交所 KBW 銀行指數（BKX）收跌 11.7%，創 2020 年 3 月以來最大跌幅；SPDR 標普地區銀行 ETF（KRE）收跌超 12%；地區銀行股岌岌可危，第一共和銀行收跌近 62%，創上市以來最大單日跌

幅；資產值為美國第八大銀行的嘉信理財盤中數次熔斷、一度深跌23%，創史上最大單日拋售幅度；另外，阿萊恩西部銀行跌47.06%，夏威夷銀行跌18.35%；大型銀行也未能倖免，摩根大通跌超3%後收跌1.8%，美國銀行跌8%後收跌近6%，花旗、富國銀行均跌超7%。

歐股全線重挫。瑞信歐股盤中超跌15%，瑞信的五年期信用違約互換合約（CDS）跳漲至創紀錄高位448個基點，嚴重打擊了歐洲金融市場，德法英三大指數跌幅均超過2%，斯托克銀行股跌近6%，創一年多最大跌幅。3月14日，亞太股市集體收跌，日經指數、恆生指數、韓國綜合指數均超跌2%。其中，三菱日聯金融下跌8.3%，韓國韓亞金融下跌4.7%。

市場避險情緒濃厚。截至2023年3月13日，黃金跳漲2.5%至1,900美元，創年內最大日漲幅；兩年期美債收益率一度失守4%，月9日以來連跌三日超100個基點，為1987年股災以來最深。

美國銀行股「突襲」聯準會，市場紛紛看衰升息前景。芝加哥商交所的FedWatch工具顯示，3月升息50個基點的機率降至零，而前一週這一可能性還高達70%；互換合約更是押注聯準會將在年底降息75個基點。

拜登（Joe Biden）出面稱，不保護倒閉銀行投資者，不會用納稅人的錢去拯救銀行，同時追究責任人的責任，將採取行動防止此類事件再次發生。

週期：經濟危機史

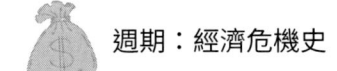

全球金融危機將再次爆發嗎？聯準會何時轉向降息？

本節從聯準會貨幣政策的角度解讀本輪美國銀行擠兌危機成因及其外溢性風險。

01 流動性恐慌

「風口上的豬，在風停時最容易摔死。」

中小銀行破產，在美國並不鮮見。矽谷銀行在美國屬於中等規模的銀行，為美國第 16 大銀行，截至 2022 年底，總資產為 2,090 億美元，存款超過 1,750 億美元。

矽谷銀行的破產，是美國歷史上第二大銀行破產案，為 2008 年 9 月金融危機以來美國最大的銀行倒閉事件。

這場銀行擠兌危機屬於典型的流動性危機。矽谷銀行表面上是因「資不抵債」而破產，其實是在聯準會超級寬鬆──激進緊縮週期中因期限錯配而引發的流動性危機。矽谷銀行的負債端結構過度單一，資產端過度激進，把大量科技企業的短期存款配置到長期的債券中。

其實，借短放長，並從中賺取利差，是銀行的生存之道，矽谷銀行做錯了什麼？

這跟聯準會有莫大的關係。

2020 年新冠疫情全球大流行，聯準會開啟無上限量化寬鬆，市場流動性頓時氾濫，矽谷科技企業獲得大規模的融資，科技

泡沫迅速膨脹。

資料顯示，2020 年、2021 年美國 IPO 數量分別達到 480 家、1,035 家，融資規模分別達到 2,000 億美元、3,500 億美元左右。同時，那斯達克指數從 2020 年 4 月股災中的 7,288 點持續上漲到 2021 年 11 月的 16,212 點。

矽谷科技企業在短時間內獲得鉅額融資，並把大量現金存入矽谷銀行——超過一半的矽谷科創企業與矽谷銀行有業務往來。於是，矽谷銀行的活期存款在短期內大增。從 2020 年 6 月到 2021 年 12 月的一年半期間，矽谷銀行存款由 760 億美元上升到超過 1,900 億美元。

一下子湧來這麼多美元，那麼矽谷銀行該把資金投向何處？原本，矽谷銀行的主營業務是向科技企業提供貸款和創投資金。不過，科創企業一時間資金富餘，貸款需求下降，創投一時間也吸納不了資金。於是，矽谷銀行面臨一個所有人都嫉妒的難題：錢太多了，怎麼辦？

矽谷銀行的執行長約瑟夫（Joseph Gentile），正是之前雷曼兄弟固定收益部的 CFO，他在矽谷銀行犯了一個同在雷曼兄弟時一樣的錯誤，將大量無息、低息的負債買入大量固定收益債券——將 66.8% 的新增存款配置在住房抵押債券和國債上。從 2020 年第一季至 2022 年第一季，矽谷銀行持有的住房抵押債券（MBS）總額從 199.96 億美元升至 998.12 億美元，國債總額從 39.62 億美元升至 165.44 億美元。

通常，國債和住房抵押債券比較安全，但收益率比較低。而提高收益率的辦法，就是拉長債券期限。所以，矽谷銀行購買的住房抵押債券和國債多數是持有至到期（HTM）資產。從2020年到2022年，矽谷銀行持有至到期（HTM）資產占比從14%增加到43%。在持有至到期（HTM）資產中，期限超過10年的占比超過90%。

源源不斷地湧入大量廉價存款，而且超過60%是無息存款，矽谷銀行將其配置到償還期限長的利率較高的安全資產上，並從中賺取利差。這就是典型的借短放長賺利差。

這一操作在大放水時期，讓矽谷銀行賺得缽滿盆滿，股價節節攀升。從2020年3月到2021年11月，矽谷銀行從127的低點迅速上升到763的高點，跑贏全美大多數銀行，包括大型銀行。

然而，風口上的豬，在風停時最容易摔死。

聯準會的超級量化寬鬆政策最終引發了歷史級別的大通膨。

2022年3月聯準會被迫實施緊縮政策，並開啟了近40年最激進的升息行動。

2022年，聯準會持續激進升息導致流動性日益緊張，幾乎通殺所有資產，股票、債券、非美元貨幣、房地產等資產價格紛紛大跌，美元和大宗商品成為為數不多的避險品種。

在這輪激進緊縮週期中，矽谷銀行的期限錯配風險迅速擴張。

矽谷銀行把過多短期存款配置在期限超過10年的債券中，

而且沒有採取對沖措施，資產端和負債端均遭受致命的衝擊。

負債端危機。流動性緊縮刺破了之前吹起的科技泡沫，對利率敏感的科技產業率先進入衰退週期，科技企業遭受戴維斯雙殺[02]。資料顯示，2022 年美國 IPO 數量只有 181 家，同比下降 854 家，融資規模只有 400 億美元左右，同比下降 3,100 億美元。到 2023 年美國 IPO 數量只有 27 家，其中科技企業只有 1 家。那斯達克指數從 2021 年 11 月的 16,212 點下降到當前的 11,188 點。

流動性緊縮和業績殺雙管齊下，矽谷科技企業一邊大規模裁員，一邊大量贖回無息存款。由於矽谷銀行的儲蓄客戶結構單一，大部分為科技企業，科技產業寒冬對矽谷銀行的衝擊要遠遠大於其他銀行，存款在短期內大規模流失。

矽谷銀行的存款在聯準會開始升息的 2022 年 3 月觸頂後開始下滑，全年存款總額下降了 160 億美元，占存款總額的 10% 左右。其中，活期無息存款從 1,260 億美元驟降至 810 億美元。

資產端危機。聯準會升息導致債券價格大跌，矽谷銀行持有的大規模債券大幅浮虧，其中，以國債為主的 AFS 虧約 25 億美元，以住房抵押債券為主的 HTM 虧約 150 億美元。

「不賣就不算虧」，不計入損益表。矽谷銀行持有的大量的

---

[02] 戴維斯雙殺：是指有關市場預期與上市公司股價波動之間的倍數效應，當處於牛市，企業的市盈率估值很高，一旦企業業績下滑，會拉低市盈率，又由於企業業績下滑導致股票收益下滑，最終導致企業市值遭遇雙殺，股價大跌。

持有至到期的債券，不會因為市場價格變動而重新估價，還是按購入價格核算。這一定程度上對市場隱藏了風險。但是，如果債券拋售就會表現在會計上。

然而，隨著科技企業大量提領存款，矽谷銀行不得不虧本拋售債券以回收更多的流動性。3月9日，矽谷銀行宣布，出售其所有210億美元的可銷售證券，因此遭受了18億美元的虧損，並尋求透過出售普通股和優先股募資22.5億美元。這筆資產超過了其總資產的10%，而且虧損面積達到8%。這就等於將矽谷銀行流動性危機曝光於天下。於是，東窗事發，當天股價暴跌60%，儲戶瘋狂擠兌超400億美元，矽谷銀行立即破產。

這一次美國監管部門行動非常迅速。3月13日，趕在亞洲市場開盤之前，美國財政部、聯準會、聯邦存款保險公司聯合宣布對矽谷銀行倒閉事件採取行動。從3月13日開始，儲戶可以提領他們所有的資金。

另外，聯準會還公布了一項新的銀行定期融資計畫（BTFP），透過高品質證券抵押貼現的方式向銀行的準備金帳戶注入流動性。

財政部還將從外匯穩定基金中劃撥250億美元資金支持上述融資計畫。「資產的抵押價值將以面值計算」，說明聯準會承認持有至到期（HTM）資產未縮水，以向銀行注入更多的流動性和信用。

但是，這一聯合行動未能遏止恐慌情緒蔓延，全球銀行股遭拋售。這是為什麼？

02 最後貸款人

「廚房裡可能不止一隻蟑螂。」

矽谷銀行的破產有其特殊性。矽谷銀行是一家有產業特色的地區銀行，主要服務於矽谷科技企業。在這輪緊縮週期中，與服務業、製造業相比，科技產業最先進入寒冬，矽谷科技大量提領存款，直接衝擊了負債端；同時，過去認為比較安全的資產國債和住房抵押債券價格大跌，導致其持有的資產大幅縮水。

但是，矽谷破產中存在的普遍性風險才是引發金融市場恐慌的主要原因。普遍性風險來自哪裡？

在聯準會持續緊縮政策之下，流動性趨於枯竭，整個銀行業的負債端和資產端都面臨龐大壓力。

資料顯示，截至2023年2月，即矽谷銀行危機爆發之前的12個月裡，美國商業銀行的存量已經下降了2.5％。美國儲戶正以至少是自1970年代以來最快的速度從銀行系統提領資金。上一次出現這種局面是1990年代初，而當時的存款降幅也只有0.6％。所以，不論是科技企業，還是一般儲戶，都面臨現金不足的問題，都在提領存款，全美銀行負債端全面承壓。

資產端，銀行業面臨資產價格縮水的問題。聯準會激進緊縮貨幣幾乎通殺了所有資產，銀行持有的債券、股票、房地產以及其他金融資產整體價值均下降，甚至銀行貸款資產也在縮

水。2022年英國養老金爆發危機，是債券價格下跌所致；瑞信銀行爆發危機是其所持有的股票和債券價格下跌所致；2023年黑石違約是其持有的房地產價格下跌且難以變現所致。

矽谷銀行東窗事發後，市場高度關注銀行持有的債券規模。聯邦存款保險公司主席馬丁·格魯伯格（Martin Gruenberg）此前透露，截至2022年第四季，包含可供出售證券（AFS securities）與持有至到期證券（HTMsecurities）在內，美國商業銀行的未確認損失（Unrealized Losses）為6,200億美元，低於前一季的6,950億美元，其中可供出售證券（AFS securities）的未確認損失為3,000億美元。未確認損失是一種潛藏的風險，一旦如矽谷銀行一樣虧損拋售，真相即大白於天下。

如今，市場以矽谷銀行作為參照標準，資產端看持有至到期資產規模，負債端看活期存款比例。從資料來看，這兩個指標矽谷銀行都遠高於同行。一般來說，大行持有至到期證券比例會高一些，道富銀行、美國銀行的持有至到期資產的比例均超過20%，富國銀行超過15%。但是，大銀行的負債端比較健康，活期存款比例低，大客戶穩定的定期存款保障了其現金流。

這兩項指標靠近矽谷銀行的主要是地區銀行，如第一共和銀行。

如今，這家美國西海岸富人們最愛的銀行之一也岌岌可危，股價一週跌去80%。第一共和銀行2022年底的存款達到1,764億美元，與矽谷銀行相當，其高階主管聲稱還有未使用的流動

性資金超過 700 億美元,且可以透過聯準會宣布的「銀行定期融資計畫」補充流動性。但是,市場擔憂其持有的資產「暴雷」。

第一共和銀行年報顯示,截至 2022 年 12 月 31 日,其「房地產抵押貸款」的公允市場價值為 1,175 億美元,比其 1,368 億美元的帳面價值低 193 億美元,這一縮水規模超過其 174 億美元的總股本。

這意味著該銀行的壞帳率在快速上升。該銀行的貸款大部分是房地產貸款,房地產投資對利率上升非常敏感,2022 年美國 30 年期個人住房抵押貸款利率一度超過 7%,這無疑大大增加了違約率。

如今,拜登將地區銀行破產的責任推給川普,指責後者在執政期間放鬆了對銀行的監管。實際上,從監管或盈利兩個標準來看,矽谷銀行和第一共和銀行都被評為是「優等生」。2022 年,第一共和銀行利息收入 57 億美元,同比上升了 13 億美元,營業利潤 21 億美元。

截至 2022 年 12 月 31 日,計入出售資產的衝擊以後,矽谷銀行一級資本充足率為 13.9%,高居全美銀行業第三,比最低監管要求高出 5.4%,總資本充足率為 14.7%,比最低監管要求高出 4.2%。

諷刺的是,就在破產前的 3 月 7 日,矽谷銀行還連續 5 年被富比士評為美國最佳銀行。從最佳銀行淪為破產銀行,問題出在哪?

答案是流動性危機。只要聯準會繼續升息，沒有一家銀行是安全的。

監管標準只是一個經驗標準，銀行是高槓桿行業，只要不是全額準備金制，任何監管標準都不能構成安全邊界。當然，這並不是否定監管標準。2008年金融危機後，巴塞爾銀行監管委員會宣布《巴塞爾協議Ⅲ》，提高了資本充足率，以降低流動性風險。如今，全美的銀行資產負債表要比金融危機時期好得多，抗風險能力更強。小型銀行貸存比約83%，大型銀行貸存比60%，均低於疫情前的水準。

但是，我們不要忘記了銀行是高槓桿行業，流動性是銀行的動力之源，銀行的最大危機不是償付性危機，而是流動性危機。

當然，這也不是否定聯準會的緊縮政策。大通膨之下，聯準會不得不激進升息。問題是大通膨是怎麼爆發的？不升息「死」，升息也「死」，為何陷入兩難？

從根本上來說，始作俑者正是作為「最後貸款人」的聯準會。

從這輪銀行危機可以看出，聯準會在超級寬鬆——激進緊縮週期中嚴重扭曲了市場價格、破壞了市場預期，一來一去親手製造了大通膨和銀行擠兌兩大危機。

在大放水時期，利率價格和企業預期被扭曲。在超級寬鬆時期，規模是第一位的。企業不得不擴張資產負債表，銀行和科技企業都在擴張，不擴張就會被淘汰。科創企業趁此機會融資、上市，銀行也在這個時候擴張資產負債表。

矽谷銀行破產：歐美銀行流動性危機為何爆發？

矽谷銀行是一家「小而美」的銀行，吸納科技企業的存款，給科技企業放貸款、做創投。在破產之際，矽谷銀行的貸款資產依然優質，貸款總額為 743 億美元，其中 70% 是較低信用風險的貸款，高風險貸款的天使輪投資者支持貸款僅占整個貸款的 3%，遠遠低於 2009 年的 11%。

但是，2020 年超級寬鬆週期，科技企業獲得大規模融資，大量資金突然湧入矽谷銀行，而且多數是零利息存款。聯準會扭曲了利率，誤導了銀行。這麼多免費資金，不花白不花，買個穩妥的國債賺利差。如果你不抓住機會擴張規模，就會被同行甩開。於是，矽谷銀行大量採購期限長、利率高的債券。

這種情況具有普遍性。2019 年第四季至 2022 年第四季期間，美國銀行業存款增加了超過 5 兆美元。但是，只有 14% 用於貸款，大部分都用於採購國債等資產。在本輪升息之前，美國商業銀行持有的國債規模達到 4.6 兆，較 2020 年初增加了 53%。所以，在超級寬鬆週期中，銀行負債端被動擴張，資產端主動擴張。

當進入激進緊縮週期時，負債端外流，資產端縮水，陷入流動性緊張。

2022 年快速上升的利率和不斷減少的流動性刺破了貨幣泡沫。

其中，科技企業泡沫崩潰擊穿了矽谷銀行的負債端，債券泡沫崩潰擊穿了矽谷銀行的資產端。本質上，這輪銀行擠兌危機是聯準會激進升息刺破之前超級寬鬆締造的泡沫的結果。

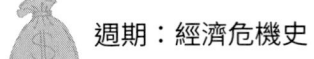

2020年以來，聯準會實施了超級寬鬆——激進緊縮的極限操作，就像一個新手司機先油門到底、後煞車踩死，那麼乘客怎麼辦？整個華爾街都知道「不能跟聯準會作對」的信條，那麼銀行的生存與競爭策略就是「不做雷曼」。貨幣寬鬆時一定要抓住機會擴張資產負債表，但一定不要在貨幣緊縮時第一個暴雷。當下一個「雷曼」暴雷時，整個銀行業都得救了，聯準會又將開啟新一輪超級寬鬆。

誰是下一個「雷曼」？

03 市場反身性

「不要和聯準會作對。」

如今，壓力來到聯準會這一邊。左手通貨膨脹，右手金融風險，聯準會升息還是不升息，救還是不救？

東窗事發後，整個市場都在罵聯準會。存款人、投資人罵聯準會升息禍害市場，納稅人罵聯準會又來拯救銀行家。監管機構說明「只救儲戶，不救銀行及股東、債權人」，盡力避免「大到不能倒」的道德風險，防止「占領華爾街」再起。拜登發表了一席政治正確的廢話，聲稱懲罰責任人。而危機的製造者不正是拜登政府和聯準會嗎？

然而，當前聯準會又成為了唯一可能避免金融危機的「救星」。

這就是當今這個時代最大的諷刺。

這次聯準會、聯邦財政部和聯邦存款保險機構行動非常迅速，為什麼聯準會直接快速收尾？

首先，聯邦存款保險機構扛不住。矽谷銀行大部分是企業客戶，97％的儲戶不在聯邦存款保險承保範圍之內（25萬美元）。在這輪緊縮週期中，家庭部門因獲得聯邦政府的億萬「紅包」，資產負債表要比企業更加穩健，企業相對流動性更差，擠兌存款的可能性更大。所以，風險比較高的銀行，其儲戶受聯邦存款保險承保的比例更低。

聯準會直接參與的重要原因是避免貨幣政策陷入被動。如果在通膨率還在6％左右時爆發銀行擠兌危機或更大規模的金融危機，那麼聯準會將陷入「兩難」：繼續升息則放任危機蔓延，轉而降息通膨形勢難料，經濟可能陷入滯脹局面。

2023年3月12日，美國創業孵化器Y Combinator公司CEO組織600多家企業向美國國會請願挽救矽谷銀行，他在宣告中指出此次危機將影響10,000多家初創企業，導致10萬人以上的裁員。

2月非農資料顯示，失業率「意外」上升0.2個百分點至3.6％。

這依然是一個很低的水準，然而科技產業正在裁員。如果矽谷銀行破產清算，矽谷一半以上的科技企業可能受到影響，裁員還將加速，科技產業從寒冬進入嚴冬。

週期：經濟危機史

如今，聯準會實施「銀行定期融資計畫」，向類似但符合條件的銀行注入流動性；同時，聲稱與矽谷銀行破產有關的任何損失都不會由納稅人承擔。如果能夠遏止危機蔓延，引入收購對象是最佳方案。畢竟矽谷銀行的危機只是流動性風險。滙豐已宣布以1英鎊價格收購矽谷銀行英國子公司。

聯準會實施「銀行定期融資計畫」，這是不是寬鬆的信號？是不是意味著距離降息不遠了？

這就是「另類扭曲操作」。聯準會一邊升息、量化緊縮來抗擊通膨，另一邊透過結構性貨幣工具向特定的行業、機構輸送流動性。

扭曲操作是權宜之計。聯準會不希望爆發危機，如果非得爆發，也希望將危機延後，拖延到下半年，延遲到通膨回落到4%以下之際。屆時，聯準會可以放開手腳救市。

接下來美國會爆發金融危機嗎？

筆者認為，2023年美國通膨將持續回落，3～4月下一個臺階，6月後降到4%以下；上半年，金融市場動盪，股債遭受緊縮交易和衰退交易的反覆衝擊；下半年，經濟衰退取代通膨成為主要威脅，聯準會無法將終端維持一整年，不得不在第四季降息，金融市場將反彈。

很多人判斷市場走勢按線性外推，忽視最重要的市場賽局。但按照市場的反身性來判斷總體經濟和金融市場的走勢，尤其

應重視投資者與聯準會之間的相互較勁對市場走勢的影響。

2022年底，投資者對通膨降溫形勢過度樂觀，主動輸出流動性，股票、債券價格上漲，服務業強勁，結果通膨降溫暫緩，核心服務通膨黏性大，時薪反彈，非農新增就業強勁，經濟預期「不著陸」。這就是市場的合成謬誤。

2023年1月，當弱於預期通膨報告釋出後，聯準會放鷹「喊打喊殺」（預期管理），金融市場風聲鶴唳，紛紛收縮流動性，股債價格下跌，對通膨和聯準會升息形勢重新定價，結果非農有所緩和，失業率有所上升，時薪環比增速放緩，通膨似乎又有加速趨勢，經濟預期從「不著陸」轉向「軟著陸」，預期聯準會將繼續大碼升息。

結合起來，這就是市場的反身性。

就在所有投資者都感到悲觀時，矽谷銀行擠兌危機爆發了。這場危機無疑將加速流動性枯竭，放大經濟衰退的風險，衰退交易重返市場，避險情緒濃厚，股票大跌，債券、黃金等避險品種上漲，經濟預期從「軟著陸」進一步下滑到「硬著陸」。

這時，市場的反身性繼續發揮作用。危機爆發後，聯準會火速救市，市場預期聯準會3月分升息還是維持25個基點，同時認為年底將降息。接下來，市場看2月分通膨報告和聯準會的行動。如果通膨加速回落，聯準會釋放暖意，那麼市場流動性又會增加。

091

週期：經濟危機史

按照市場的反身性推測，2023年通膨回落和經濟衰退將在反覆折騰中進行。

如今美國經濟也存在結構性問題。就業指標、通膨指標和服務業指標顯示經濟強勁，聯準會和聯邦政府都重視就業指標，聯準會拿就業指標來堅定抗擊通膨的決心（預期管理）。但是，就業市場被新冠疫情和貨幣政策給扭曲了，用就業指標來判斷美國總體經濟是不準確的、滯後的和危險的。

金融、房地產、科技、製造業四大產業的指標顯示，美國經濟正在加速衰退。債券利率倒掛到2023年7月滿一週年，房地產價格同比下跌、季銷售同比跌至2008年以來最低，科技投資萎縮、大裁員，製造業PMI連續低於48。接下來，關注服務業、就業市場和消費市場，以進一步確認經濟衰退。

至於是否爆發金融危機，相當程度上取決於聯準會的操作。聯準會在2023年2月議息會議上宣告堅持年內不降息，並且反覆強調終端利率比預期更高、維持時間更長。可以很肯定地說，如果聯準會將5%以上的聯邦基金利率維持一整年，那麼銀行擠兌危機肯定爆發，甚至爆發金融危機。長期高利率導致流動性枯竭，股票、債券、房地產等資產價格繼續大跌，金融機構的資產端將大幅度縮水，同時負債端被擠兌。

如今的情況類似於2018年下半年，升息接近尾聲，流動性緊張，金融市場搖搖欲墜。當時，隔夜拆借利率飆升，聯準會緊急輸送流動性，2019年開始降息。不同的是，現在的聯邦基

金利率和通膨率都更高。

　　如今的聯準會不得不在通膨、就業與金融風險之間保持艱難平衡。

週期：經濟危機史

起伏：風險與化解

槍炮與病菌，是人類歷史上抹不去的兩朵「烏雲」。

當今的戰爭，已經進入了「超限戰」，即超越戰爭界限，在金融、科技、網路輿論、文化信仰、政治制度等方面全方位較量。而新冠疫情危機，同樣展現出全球化與系統化的特徵，共同指向當下全球治理的嚴峻性。

當全球化退潮，反噬力顯現，病菌抑或槍炮的蔓延，交織其中，加劇當下能源、金融、糧食等方面的重重危機。

世界的不確定性裏挾著個體，人便開始追問歷史，想要尋求更強的力量庇佑自身。

然而，人類正是在不確定性中存續下來的。無論是新冠疫情突襲，還是地緣政治危機突發，我們仍然要回到確定性之中，從技術、市場、人文主義、科學治理中尋求確定性，尋找屬於自己的勇氣。

起伏：風險與化解

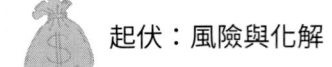

新冠疫情如何影響全球貨幣政策？

2020 年 3 月，新冠疫情已擴散到全球六大洲（除南極洲外）70 餘國。

當時，韓國、日本、伊朗、義大利是重災區。截至 2020 年 3 月 5 日，韓國病例破 5,000，三軍被感染；伊朗死亡率高，多名高官中招；歐洲呈明顯的擴散之勢，德國新增病例加速。

疫情向全球加速蔓延，打擊了全球產業鏈，血洗全球金融市場。

2020 年 2 月 24 日至 2 月 28 日一週全球金融資產暴跌，道瓊指數、標普 500、那斯達克、德國 DAX、英國富時 100 指數跌幅均超過 10%。

時間回到 2020 年 2 月 28 日，聯準會主席鮑爾（Jerome Powell）摘錄了當年葛林斯潘回應「黑色星期一」時的劇本，用這種東施效顰的方式向市場灌迷魂湯：「美國經濟的基本面仍然強勁。然而，冠狀病毒對經濟活動構成了不斷演變的風險。」

3 月 2 日上午，日本央行行長黑田東彥發表緊急宣告，「透過市場運作和資產購買操作來提供足夠的流動性」，當日已透過國債回購的方式向金融市場注入 5,000 億日圓。

緊接著，澳洲央行認為疫情對澳經濟成長有「重大影響」，宣布將 3 月現金利率下調 25 個基點至 0.50%（創新低紀錄）。

新冠疫情如何影響全球貨幣政策？

　　3月3日凌晨2點，川普用推特向聯準會施壓：澳洲已降息，聯準會應大幅度降息，「傑洛姆‧鮑爾領導的聯準會從第一天起就說這是錯的」。

　　天亮，聯準會宣布緊急降息50個基點，聯邦基金利率降至1%～1.25%。事實上，市場恐慌情緒經過一週的消化，美股這天高開，但突如其來的降息消息讓市場措手不及。

　　受此刺激，盤中快速拉升，但15分鐘後，三大股指卻急轉直下，全部收跌接近3%。同時，美國國債收益率跌破1%，再度創下歷史紀錄。

　　疫情全球大流行，只待「官宣」；全球央行紛紛「放水」救市，金融市場不知所措。

　　本次新冠疫情，是否可能刺破累積10餘年之久的全球貨幣泡沫？

　　本節從貨幣制度的角度，探討本次疫情之下的全球貨幣政策及金融風險。

01 全球央行放水抗疫？

　　這次疫情深度衝擊全球產業鏈，從中國到日韓，再到歐盟、美國，全球供應系統存在全面分解的風險。

　　全球供應鏈緊密相連，原料、配件、工人、供應、機械加工、消費市場，缺少任何一個環節都跑不起來。

起伏：風險與化解

經合組織 2020 年 3 月 2 日發表報告稱考慮到疫情衝擊，將 2020 年全球經濟增速預期從 2.9% 下調至 2.4%。將美國 2020 年經濟增速預期從 2.0% 下調至 1.9%，歐元區經濟增速從 1.1% 下調至 0.8%，日本增速從 0.6% 下調至 0.2%，英國增速從 1.0% 下調至 0.8%，將二十大工業國（G20）國家經濟增速預期從 3.2% 下調至 2.7%。

全球經濟並未完全復甦，又遭疫情打擊，聯準會救市心切、行動迅速。

2020 年 2 月以來，市場認為聯準會下調 50 個基點的機率是 100%，但令人意外的是，聯準會的行動如此迅速。聯準會沒有耐心等到 3 月 17 日議息會議，就提前兩週降息。

聯準會緊急降息 50 個基點，這是自 2008 年金融危機最劇烈時期以來首次採取的類似行動。

聯準會的行動是全球央行的風向標，幾乎決定了金融週期。本幣與美元掛鉤的經濟體必然跟隨降息。比如，港幣與美元掛鉤，每次聯準會降息或升息，香港金管局都會同步跟進。

3 月 5 日上午，香港金管局已宣布將基本利率下調 50 個基點至 1.5%。幾乎同時，澳門金管局也宣布下調貼現窗基本利率 50 個基點至 1.50%。

沙烏地阿拉伯、阿聯酋、約旦央行已經跟進。沙烏地阿拉伯央行宣布，將回購利率及逆回購利率均下調 50 個基點；阿聯

酋央行和約旦央行均宣布降息50個基點。

加拿大央行將在3月決議降息，至第二季末累計降息75個基點。

英國央行的降息空間只有75個基點，預計在3月底的議息會上將下調25個基點。

聯準會降息對他國貨幣造成升值壓力，降低其商品出口競爭力，他國也會跟進降息。事實上，很多國家已經迫不及待降息。

在聯準會行動之前，澳洲和馬來西亞央行就已率先降息，日本央行向市場注入流動性。歐洲央行行長拉加德（Christine Lagarde）稱：「我們隨時準備採取適當的針對性措施，這些措施將是必要的並與潛在風險相稱。」

G7財政部長宣稱，準備採取行動，包括酌情採取財政措施，以幫助應對這一疫情並在此階段支持經濟。

高盛預計加拿大央行近期將共計降息100個基點。英國、澳洲、紐西蘭、挪威、印度和韓國將降息50個基點，歐洲央行和瑞士央行降息10個基點。

問題是降息與強刺激的效果如何？

聯準會突然降息，其實加劇了市場的恐慌，嚇壞了投資者。

其實，現在全球金融市場都知道自己「生病」了。華爾街高層對聯準會的錢甘之若飴，但又極為擔心。

起伏：風險與化解

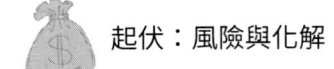

聯準會印發再多錢，都很難流入實體經濟，只會短暫地助長愈演愈烈的金融泡沫。而這次疫情對實體經濟的衝擊非常明顯，對全球產業鏈的衝擊正在蔓延。

發放再多的資金也難以修復全球供應鏈，只能緩解信貸壓力，支援企業的現金流。問題是多數資金流向金融、房地產市場及特殊群體，而非實體企業。

但其實，聯準會、日本及歐洲央行也陷入了兩難，他們手上的「子彈」並不多。

這次降息後，聯準會的降息空間只剩 1.25 個基點，大概有 5 次降息的機會，再往下降就是負利率了。鮑爾一直相當謹慎，每次只降 25 個基點，這次一口氣使用了兩次降息機會。

歐洲央行和日本央行已經沒有降息空間，正在零利率徘徊，甚至滑入負利率區間。

聯準會已陷入左右為難的尷尬境地：金融通膨或實體通縮。

降息，可能繼續加劇金融資產泡沫，推高美債風險；升息，或不作為，可能導致經濟下滑，金融資產價格崩盤。

全球央行的救市行動不但無濟於事，而且會加劇危機。因為自 2008 年金融危機以來，全球央行撒了太多錢。

從 2008 年到 2018 年，美國基礎貨幣增加了 6.2 兆美元，累計增幅為 76%。

但是，2008 年金融危機後 10 年，不論是美國還是其他國

家，都沒有爆發大規模的通膨。很多人心存僥倖，認為休謨（David Hume）、傅利曼等主張的貨幣中性失靈。現代貨幣理論大行其道，鼓吹財政赤字貨幣化。

其實，這個問題，與休謨同期的經濟學家、金融家理察‧坎蒂隆（Richard Cantillon）早就說清楚了。

坎蒂隆在其唯一的著作《商業性質概論》（*Essai sur la Nature du Commerce en Général*）中提出貨幣流通的非均衡性：

貨幣增量並不會同一時間反映在所有的價格上，貨幣量增加會導致不同商品和要素價格漲幅程度不一致。貨幣增加對經濟的影響，取決於貨幣注入的方式、管道以及誰是新增貨幣的持有者。

這個理論被後人稱為「坎蒂隆效應」。

我們看過去 10 年，某國 100 多兆元廣義貨幣流向了哪裡？

從消費價格來看，2008－2018 年，居民消費物價指數（CPI）大部分時間都維持在 103 以下，CPI 月度增速大部分時間都不超過 3%。

這 40 年間，GDP 和居民可支配收入增速均落後於廣義貨幣增速。從各類資產價格來看，絕大部分的工業品、大宗商品、債券、銀行理財產品等都跑輸了廣義貨幣的增速。

那麼，什麼跑贏了貨幣增速？

房價及大型房地產商的營業收入。

起伏：風險與化解

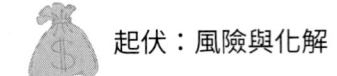

　　房子，是該國貨幣的蓄水池。2008－2018年，全國70個大中城市房價都較大幅度上漲，主要城市的增速，與貨幣增速持平，有些城市及核心地段甚至跑贏貨幣。

　　2008年，A城市住房成交均價為1.8萬元／平方公尺，B城市為1.7萬元／平方公尺，C城市為1.2萬元／平方公尺，D城市為0.9萬元／平方公尺。

　　到2018年，A城市為5萬元／平方公尺，漲幅接近2倍；B城市為6萬元／平方公尺，漲幅為2.5倍；C城市為5.4萬元／平方公尺，漲幅為3.5倍；D城市為3.3萬元／平方公尺，漲幅為2.7倍。

　　從2008年到2017年，該國國內房地產投資從2.53兆元升至11兆元，漲幅超過3倍，累計總投資高達74兆元。僅2017年的投資額就相當於加拿大當年的GDP總額。

　　再看大型房地產商，問題就更加明朗了。

　　以某房地產公司為例。2006年到2018年，公司銷售額由17億元成長到5,800億元，成長了340倍。從2006年到2016年，公司現金餘額由20億元成長到3,043億元，成長了151倍；總資產由78億元成長到1兆元，成長超過120倍。

　　再看美國。

　　最近10年，美國通膨率都控制在4%以內，大部分時間都徘徊在2%。可見，美國雖然超發了6.2兆美元基礎貨幣，但並

未發生通貨膨脹。那麼，錢是否也流向了房地產業？

從 2008 年到 2018 年，美國房地產物價指數從 152 漲到 205，累計漲幅達 35%。這一漲幅並未跑贏基礎貨幣的增速。

我們看看美國的股票和國債。

從 2008 年到 2018 年，美國那斯達克指數從 1,782 點漲到 6,329 點，累計漲幅高達 255%；道瓊指數從 2009 年的 6,000 多點漲到此輪暴跌之前的近 3 萬點，漲幅均遠遠高於同期貨幣增速；國債規模從 10 兆美元漲到 22 兆美元，累計漲幅達 120%，超過基礎貨幣增速。

很明顯，最近 10 年，美國的貨幣大量流向股票、國債市場，製造了大量的金融泡沫，美債規模達 22 兆美元之巨，而同期美國 GDP 增速卻保持低迷。

聯準會釋放多少貨幣，取決於疫情在全球的蔓延程度。

如果疫情世界大流行，聯準會定然釋放更多的貨幣，貨幣若繼續流向房地產業與金融業，資產泡沫則更大；若流向商品市場，定然引發通貨膨脹。

如果疫情很快得到控制，下一次衰退與危機到來時，聯準會定然會重啟寬鬆政策。

但是，不論聯準會釋放多少貨幣，危機都不可避免。

起伏：風險與化解

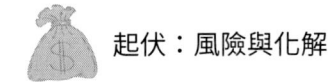

02 危機為何不可避免？

美國的股票漲到多少，泡沫才會破裂？

這個問題其實不重要。

「危機不可避免」的判斷，並非源自金融資產的價格，甚至不是貨幣政策，而是源於他國央行很難保持其自身獨立性。

世界上最早的央行英格蘭銀行，是由蘇格蘭人威廉・佩特森（William Paterson）於西元 1694 年創立的。這家英國皇家特許的央行最初是私人性質，成立的目的是為政府籌措戰爭經費。

西元 1844 年，英國首相皮爾（Robert Peel）推行了新銀行法《皮爾條例》，削弱了私人銀行發幣權，控制了私人銀行發幣額度，確立了英格蘭銀行的央行地位以及英格蘭銀行券的法償貨幣地位。

1946 年，英格蘭銀行由工黨政府收歸國有，成為國家央行的標準模板，扮演「最後貸款人」的角色，是「發行的銀行、銀行的銀行、政府的銀行」。

聯準會的成立時間要晚於歐洲國家的央行。1907 年美國爆發金融危機，大量銀行倒閉，美國人逐漸意識到央行的重要性。

美國參議員奧爾德里奇（Nelson W. Aldrich）花了兩年時間完成《奧爾德里奇計畫》，提出應該建立一個中央銀行性質的組織。

新冠疫情如何影響全球貨幣政策？

　　為了防止聯邦政府操控央行，這個計畫將央行界定為私人銀行，但遭到美國民眾的反對。他們擔心，美國少數銀行機構可能會控制央行謀取利益。

　　1912 年，威爾遜當選美國總統。次年，在他的支持下，國會通過了以《奧爾德里奇計畫》為藍本撰寫的《聯邦儲備法》。聯準會就此成立。

　　聯準會，是權力較勁的結果。它的性質變得模糊，它既是一個公共部門，又是一個私營組織。

　　聯準會成立的初衷就是避免聯儲銀行倒閉，它的股東是美國各大聯儲銀行，聯準會是聯儲銀行的「最後貸款人」。

　　但是，聯準會又是一個公共部門，其權力機構聯儲委員會是一個獨立機構，其決策不受聯邦政府、國會以及聯儲股東控制。

　　更重要的是，貨幣是公共契約，美元是法定貨幣，聯準會的決策必須為每一位美國公民負責。

　　當危機發生時，聯準會就會陷入矛盾之中。出手救市，尤其是拯救聯儲銀行、金融市場，是其作為「最後貸款人」的使命。但是，如此相當於傷害了美國公民的利益。

　　這次聯準會突然降息，有人質疑聯準會喪失獨立性，頂不住川普的壓力，毫不掩飾地拯救金融市場。

　　那麼，聯準會怎麼做才是正確的？

　　換言之，央行什麼情況下才能降息或升息？其貨幣政策的

105

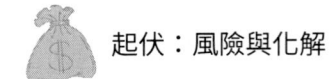

目標是什麼？決策參考是什麼？

這些問題涉及貨幣本質。

貨幣的本質是解決交易流動性的公共契約。

貨幣不能服務於任何組織及個人，應該服務於公眾；也不能服務於任何總體經濟目標或私人目標，應該服務於貨幣本身。

德國弗萊堡學派創始人瓦爾特·奧伊肯（Walter Eucken）早在 1940 年就提出了貨幣政策優先原則。

他認為，貨幣政策優先原則是根本性的原則，是整個經濟政策體系的核心。貨幣政策的目標永遠高於一切總體經濟目標，當央行的這一政策目標與其他經濟政策目標發生衝突時，必須堅定不移地把貨幣政策目標放在首位。

那麼，貨幣政策的目標是什麼？

奧伊肯認為，央行必須把穩定貨幣作為其貨幣政策的首要目標。

幣值穩定，是貨幣的靈魂。

這其實很容易理解，貨幣的使命是提供穩定的交易媒介，降低交易費用。換言之，貨幣是經濟系統的價格與交易的參照物，如果參考物移動，整個系統就亂了。

奧伊肯說：「不是經濟為貨幣做出犧牲，恰恰相反，幣值的某種穩定，才能為經濟過程提供一個實用的調節手段」，「堅定不移地把穩定貨幣放在首位，這樣做事實上是對其他政策目標

的最大支持,也是對經濟發展的最大貢獻」。

貨幣主義創始人傅利曼在《美國貨幣史》一書中,使用了接近 100 年的歷史資料說明了一個道理:但凡幣值穩定,總體經濟都穩定;但凡幣值不穩,總體經濟則地動山搖。

所以,從貨幣本質出發,央行的貨幣政策只能為公眾服務,只能服從於貨幣本身,即維持幣值穩定。

事實上,奧伊肯和傅利曼的理論都得到了驗證。二戰後,西德政治家艾哈德(Erhard)利用奧伊肯的理論成功實施貨幣改革,並開創了持續幾十年的低通膨、低泡沫、高成長的局面。

1979 年,保羅・沃克執掌聯準會後,使用了傅利曼的理論成功地控制了肆虐多年的通膨。這時,歐美世界的央行才逐漸將貨幣政策的目標回歸到幣值穩定上。

1980、1990 年代,在傅利曼、孟岱爾(Mundell)等經濟學家的推動下,歐美世界的央行紛紛將通膨率(幣值穩定)作為貨幣政策的唯一目標。

不過,1987 年,沃克在與雷根的爭鬥中敗北,葛林斯潘開始掌控聯準會。他連續掌管聯準會 18 年,任期橫跨六屆總統,曾經一次次力挽狂瀾,被譽為「經濟沙皇」。

葛林斯潘雖然天賦絕倫、絕頂聰明,但過度迷戀於手中的權力。在著名的「黑色星期一」後,他開始追求自由裁量權,故意模糊政策目標,痴迷於與市場對抗。

起伏：風險與化解

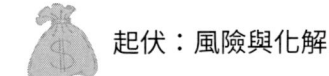

1994 年 11 月，葛林斯潘突然上調利率後，傅利曼如此批評：「葛林斯潘難以壓制自己要精準調節經濟的慾望。」

這導致聯準會在目標機制上落後於全球主要央行近 20 年。由於政策目標的模糊，葛林斯潘利用其強大的駕馭術與市場做交易，長期在通貨膨脹、金融穩定、政府赤字之間來回平衡。

這樣缺乏標準和原則的結果是，主導了一系列的「不對稱政策」：每一次降息幅度都要大於升息幅度，如此利率呈波浪式下行。

1982 年降息開始算起，幾乎每一次降息幅度都比升息幅度更大；1982 年寬鬆週期降 14 個基點，1987 年緊縮週期只加 3 個基點；1990 年寬鬆週期降 6 個基點，1994 年緊縮週期只加 2 個多基點；2000 年寬鬆週期降 4 個基點；2005 年緊縮週期加將近 4 個基點；2008 年寬鬆週期降 5 個基點；2015 年緊縮週期只加 2.5 個基點；2019 年 8 月開啟降息閘門，如今聯準會的降息空間只有 1.25 個基點。

這樣，聯準會的貨幣政策相當於進入了一個死胡同。

如此操作的原因，表面上是政治壓力與人性驅使，根本上是受邊際收益遞減規律支配。

葛林斯潘之後，柏南奇與葉倫（Yellen）致力於聯準會的公開化、透明化，明確了三大政策目標：通膨率、就業率和金融穩定。

即使如此，聯準會的決策機制依然落後於歐洲、澳洲、加

拿大央行。因為在這三大目標中，只有通膨率符合貨幣的本質，就業率和金融穩定都不應該是央行的職能。

這會導致什麼問題？

聯準會以就業率與金融穩定為目標，不但容易與政府合謀，支持金融機構，還容易破壞幣值穩定這一根本性的目標。

事實上，自葛林斯潘時代開始，聯準會一次又一次地以拯救就業與金融為名，不斷地替金融市場注入流動性，導致金融泡沫持續膨脹。2008年金融泡沫破裂後，聯準會更是變本加厲地直接購買金融資產。

這次，鮑爾降息的理由依然如此：「鑒於這些風險，為了支持實現其最大的就業率和價格穩定目標，聯邦公開市場委員會今天決定降低聯邦基金利率的目標範圍。」

聯準會如果不回歸到幣值穩定這一唯一的目標上來，如果不放棄「泰勒規則」，危機則不可避免。

03 何時迎來變革窗口？

歐洲央行、英格蘭銀行、日本央行以通膨率為目標，結果同樣是金融泡沫居高不下，還走向了負利率，這是為何？

問題出在以下3個方面：

一是通膨率是幣值穩定的參考標準，但不是唯一的參考標準。

起伏：風險與化解

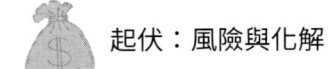

幣值穩定的參考標準有很多，通膨率（物價）、房價、股價、債券價格、外匯價格、證券價格、大宗商品價格、利率、薪資等。

歐美國家將通膨率設定在2％，相當於控制了貨幣流向商品市場，但是大規模的貨幣流向了房地產及金融市場。過去幾十年，房價及金融資產價格大幅度上漲，這說明貨幣是不穩定的，大幅度地貶值了。

所以，央行不僅要以通膨率為目標，還必須考慮金融資產的價格。

受某經濟學家「以物品成交價做指數為錨的理想貨幣制」的啟發，筆者曾建議：

「建立一個以物價為基礎，包含利率、外匯、房地產及資產價格因子的綜合物價指數，作為貨幣政策之目標，或許更為科學。」

二是泰勒規則的推行，用利率手段達成通膨目標。

進入1990年代，美國執行新的預算法案以約束聯邦政府的債務擴張。為了減輕聯邦政府的債務壓力，葛林斯潘果斷地放棄了貨幣數量控制，徹底轉向利率手段。

1993年，史丹佛大學教授約翰・泰勒（John Brian Taylor）將這種政策概括為一種簡單的規則：透過利率調整來達成通膨目標。這就是泰勒規則。

實施泰勒規則的結果是,貨幣數量失控。表面上,歐美國家一直保持著低通膨,但大量的新增貨幣流向房地產和金融市場,貨幣已經嚴重貶值。

金融危機後,全球各國央行聯手救市,以蘭德爾(L. Randall Wray)為代表的現代貨幣理論崛起。他們認為,政府不需要關注債務,只要維持利率穩定就可以持續發幣。

葛林斯潘、柏南奇以及這種後凱因斯主義的貨幣理論,逐漸侵蝕了當年沃克與傅利曼開創的局面。

如今,聯準會及其他國家央行若真要控制資產泡沫,則需要重拾傅利曼貨幣數量論的思想,與當年沃克一樣,同時將貨幣數量成長率與利率作為調節手段。

值得注意的是,貨幣數量成長率不是絕對量,而是相對量,與 GDP 增速掛鉤。這樣可以避免 1970 年孟岱爾和 1988 年某經濟學家提出的質疑:投資銀行時代,貨幣數量無法準確衡量。

三是全球化治理的落後。

當今世界,經濟全球化與貨幣國家化矛盾尖銳。美元作為世界貨幣,是全球交易者的公共契約,但聯準會的決策不考慮全球交易者的利益。這才有美國前財政部長康納利(Connally)的那句話:「美元是我們的貨幣,但是你們的麻煩。」

作為康納利的同僚,沃克並不認同這句話。後來沃克回憶

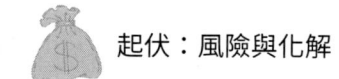

說，他試圖調整聯準會的政策將國際金融納入貨幣決策的考量範疇，但因辭職風波未能如願，成為「未竟之事」。

此後，貨幣國家化與經濟全球化的矛盾愈加尖銳。美元作為「世界貨幣」，歐洲央行、英格蘭央行、日本央行都以美元為儲備貨幣，聯準會降息或升息，他國央行基本都會跟隨，並努力將本國的金融週期調整到與美國的金融週期同步。

這樣做的結果是，歐盟、英國、澳洲、加拿大、日本及其他亞洲國家，一定程度上放鬆了對貨幣數量的控制，幾乎與聯準會同步持續下調利率，推高了金融泡沫和債務風險。

國際貨幣基金組織沒能發揮「世界央行」的作用，聯準會的制度劣勢綁架了全球金融市場。

如果將這個問題擴大，如今全球經濟成長將遭遇全球化治理落後和倒退格局的挑戰。

全球化不僅僅是貿易全球化、要素全球化、資本全球化，還是全方位治理的全球化。貨幣制度、財政制度、貿易規則、公共衛生系統、司法系統等落後，都可能替全球帶來災難性的後果。

比如，如今英格蘭銀行具有相當的獨立性和開放性，其9名貨幣政策委員，有4名由非英國人擔任，其行長馬克·卡尼（Mark Carney）還是加拿大人。但是，英國在財政、難民、社會福利等問題上與歐盟存在嚴重的分歧，二者在2020年一拍兩散。

首先看歐洲央行。1992年《馬斯垂克條約》後，德國央行及歐元區國家的央行都將貨幣發行權、管理權讓渡給了歐洲央行。

歐洲的問題並不在歐元本身，而是缺乏統一高效的財政系統。

當年推出歐元時，歐洲央行沒有嚴格遵循孟岱爾提出的財政要求，義大利的財政狀況糟糕，但依然作為創始成員國成功加入歐元區。

之後，希臘等未能達標的國家也加入歐元區。

義大利、希臘等國的財政系統，無法支撐歐洲央行統一的貨幣政策，最終在金融危機時爆發了債務危機。

其次看世界貿易組織的問題。作為全球最大的貿易組織，其仲裁機構停擺，規則遭遇挑戰。在開發中國家的認定問題上，歐美國家與中國產生了嚴重分歧。這些問題導致全球貿易的交易費用上升。

最後看公共衛生系統問題。一個非洲國家的地方政府在公共衛生管理上出了問題，都可能為全球帶來災難性的後果。

但是，全球幾乎沒有一個組織及制度能夠降低這一風險。新冠疫情的爆發，導致世界衛生組織的表現備受質疑。

這呈現出全球化的脆弱性。

諾斯曾經提出過一個著名的悖論：「國家的存在是經濟成長的關鍵，然而國家又是人為經濟衰退的根源。」在全球化時代，

起伏：風險與化解

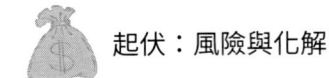

人類同屬命運共同體，國家制度對經濟成長的阻礙力度越來越大，但是有效率的全球化治理體系並不容易建立。

何解？

2019年12月，在保羅·沃克去世時，我在思考一個問題：

全球央行正在帶領我們走向深淵，這幾乎是人盡皆知的事實，為何沒有第二個沃克力挽狂瀾？

諾斯的解釋似乎有些道理：

制度不是一蹴而就的，有效制度的建立需要相當高的成本。只有當制度變革的激勵、私人收益超過了變革的成本，執政者才會推動改革，有效率的經濟組織才會出現，否則執政者可能寧願維持低效的制度。

當年沃克施以「狼虎之藥」，大幅度地提高利率抗擊通膨，與白宮為敵，與金融界為敵，與世界為敵。沃克的行為是出於其令人尊重的「公職精神」嗎？

經濟學的直覺告訴我，沃克依然脫離不了其「私心」：抗擊通膨的私人收益超過成本。

在尼克森（Richard Nixon）時代，擔任財政部副部長的沃克主導了布列敦森林制度的解體，美元歷經3次貶值，美國陷入多年滯脹危機。

沃克在「水門事件」時辭職，進入了紐聯儲。沃克認為自己「搞砸了美元」，試圖重構全球貨幣體系。1979年，沃克臨危受

命,這是他挽回聲譽的最好機會。

沃克上任時,傅利曼寄了賀信:「反正都已經爛透了,唯一的好消息是沒有比這更爛,你儘管放手去做。」

當時,滯脹危機導致連續兩任政府垮臺,沃克若不成功損失不大,若成功則成就萬世之功。這就是沃克變革的收益比。

但是,2008年金融危機爆發時,時任聯準會主席柏南奇為何沒能成為「沃克」?

當時,美國公民85%的資產配置在房地產與金融資產上。如果不拯救金融市場,聯準會相當於與全體美國人為敵,柏南奇缺乏「正確」決策的動力。柏南奇還寫了一本《行動的勇氣》(*The Courage to Act*)為自己辯解。

2020年,美國公民92%的資產配置在房地產與金融資產上,美股和美債的規模已到天量級別,川普正謀求大選,美國正在封鎖俄羅斯和伊朗。只要印發貨幣還能延續這種擊鼓傳花的遊戲,鮑爾定然不會冒險變革。

事實上,鮑爾是現代貨幣理論的反對者,但其推動聯準會的行動卻符合這一糟糕的理論。

可見,金融資產屢次遭遇崩盤,都難以開啟貨幣改革的窗口,反而積重難返、變本加厲。

什麼時候才能迎來變革的曙光?

答案或許是:滯脹危機之時。

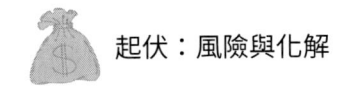

貨幣大潮引發通膨螺旋，導致類似於沃克時代的滯脹危機。

滯脹危機爆發，說明菲利浦曲線失靈，它是貨幣寬鬆政策的「剋星」，貨幣發行越多，通膨越嚴重，經濟越衰退。

從本質上來看，滯脹爆發意味著貨幣這種公共契約違約，其作為交易媒介的基本屬性消失，其幣值穩定的神聖職責不復存在。

貨幣作為公共契約，西方央行似乎並不嚴格遵守貨幣發行規則，濫發貨幣，讓央行的獨立性為經濟危機買單。

當然，貨幣非國家化、無國界化，發幣行私有化（非公共物品），亦是一種可探討、可嘗試的制度。

參考文獻

(1) 理察・坎蒂隆，商業性質概論 [M]，余永定譯，1997.

(2) 道格拉斯・諾斯，羅伯斯・湯瑪斯，西方世界的興起 [M]，厲以平，蔡磊譯，2009.

(3) 保羅・沃克，行天豐雄，時運變遷 [M]，于傑譯，2018.

(4) 瓦爾特・歐肯，經濟政策的原則 [M]，李道斌，馮興元，史世偉譯，2014.

(5) 張五常，經濟解釋 [M]，2015.

俄烏衝突：超限戰與冷和平

經過一段時間的膠著戰，到 2022 年 4 月，俄烏和談意向愈加強烈。在第五輪談判中，雙方相互妥協，試圖透過納入德國等國家作為安全保障國來結束這場戰爭。

每個人似乎都愛好和平，且預期以最小的代價來獲取最大的利益。在人類歷史上，戰爭往往是以預期最小的代價開始，以最大的代價收場。於是，戰爭與和平在這種矛盾心態中來回激盪。那麼，和平的真正保障是什麼？本節重新思考全球化時代的戰爭與和平。

01 相對論與搭便車

為人父母者常常試圖用「吼罵打」的粗暴方式教育小孩。這種預期成本最小的「戰爭」使家庭付出了龐大的代價。於是，我們努力壓制著情緒，與孩子「交易」，達成和平。

貿易，不是天然存在的，是無數次掠奪回饋的產物。同樣，和平也不是上天賜予的，也是無數次戰爭回饋的結果。這種市場回饋機制執行至今，幾乎人人諳熟亞當斯密（Adam Smith）的信條：貿易與和平。

不過，三一大學的瑪莉亞・帕加內利（Maria Pia Paganelli）教授和波茨坦大學的萊因哈德・舒馬赫（Reinhard Schumacher）

起伏：風險與化解

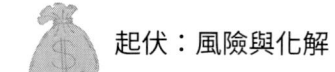

教授，在《貿易能夠帶來和平嗎？——來自亞當斯密的啟示》(*Do Not Take Peace for Granted: Adam Smith's Warning on the Relation between Commerce and War*)中向我們提供了一個有意思的資訊：「與常識相悖，亞當斯密作為最著名的自由貿易論者之一，卻擔心商業貿易及其帶來的財富可能並不會減少而是會增加國際戰爭。其原因在於，隨著貿易的發展，戰爭的相對成本和感知成本下降，同時商業利益集團的勢力逐漸增強。」

史密斯認為，在商業社會中，專業軍隊替代了民兵，普通人不需要上戰場，減少了戰爭的相對成本；同時，軍費開銷主要透過債務融資，而非直接的稅收，從而降低了戰爭的感知成本。

「感知成本的降低使普通民眾開始做起了『帝國夢』，而勢力與日俱增的商業集團由於需要建立和保護它們的壟斷地位而支持戰爭，這便進一步推動了這種『帝國夢』的幻想。」

史密斯指出，許多人實際上「可以悠然自得地從報紙上讀到本國海軍和陸軍獲得的豐功偉業」，並且產生「對征服他國與國家榮耀的千萬種幻想」，因此他們「通常不願意恢復和平，因為這意味著這種享受的結束」。

這導致了一種可怕的惡果，那就是戰爭娛樂化、遊戲化。「戰爭會被民眾當作一種娛樂，因為大部分人生活在遠離戰場的地方，體會不到戰爭造成的不便。」

史密斯可謂目光如炬，幾乎洞察到了兩次世界大戰乃至當下俄烏衝突的現實場景，只是報紙換成了鍵盤。不過，史密斯

的分析邏輯卻不夠深邃，用傅利曼的價格理論分析更及本質。在商業社會中，戰爭的相對成本和感知成本下降，表面上是因為市場——軍隊專業分工和國家戰爭債券的出現，實際上恰恰相反，是因為公共物品不夠市場化，缺乏分配效率所致。

在古代的歐洲，土地是領主私有的，戰爭爆發時，農民置之度外，領主則守土有責、攫土有利，一般自己人上戰場，直接承擔戰爭的後果。所以，那時的戰爭是「有限戰爭」。但是，這種有限戰爭被法國大革命之後全面的國家戰爭所取代。

國家戰爭為何失控？市場的邏輯是個人為自己的行為負責，而公共物品是反市場邏輯，難以清晰地界定戰爭成本。自20世紀開始，世界各地的民族國家崛起，公共物品大規模膨脹，包括專業化軍隊以及發動戰爭的國家債券。公共物品缺乏自由價格、分配無效率，人們無法像當年的領主與農民一樣直接感知到國家戰爭的債務與苦難有多少會分攤到自己身上。

由於公共物品具有不可分割性和公共政策（戰爭決議）具有強制性，每個人從戰爭中獲得的收益、付出的代價都是不同的。石油商、軍火商可以從戰爭中獲利，地產商、股票投資者可能受損。與富人相比，窮人更易被戰爭通膨所洗劫。戰爭娛樂化分子、民族主義者、理想主義者更在乎戰爭帶來的心理效用，以補償現實利益的損失。

人們無法調節公共物品的需求，便訴諸改變稅收來實現邊際利益最大化。本來，稅收是公共物品的價格，戰爭引致稅收

起伏：風險與化解

增加，可以抑制國家戰爭。但是，稅收並沒有充分反映市場效率，它對戰爭債券的反應並不敏捷。政府會啟動央行「印鈔機」來替戰爭債券融資，同時透過製造通膨來「分攤」債務。另外，很多長期戰爭債券的成本實際上轉嫁給後代。所以，戰爭債券缺乏自由價格的約束，含糊的懲罰不容易讓當下的民眾直接感受到戰爭的成本。

如此可能催生戰爭「便車」。戰爭的直接獲益者發動戰爭「便車」，心理效用的得主、糊塗的受損者都可能搭戰爭便車。正如歐威爾（Orwell）所言：「所有的戰爭宣傳，所有的叫囂、謊言和仇恨，都來自那些不上戰場的人。」

一戰是從有限戰爭到全面戰爭的代表，也是歐洲歷史的轉捩點。一戰前，歐洲人的尚武精神膨脹，從普通民眾到貴族菁英不少人是主戰派。當時歐洲的民族國家版圖基本形成，專業化軍隊建成，國家機器空前強大，民族主義情緒濃厚。普通民眾不需要直接上戰場，對戰爭風險的感知很低，打贏了心裡爽——民族主義情緒可能催生強大的心理效用。而貴族菁英還停留在有限戰爭時代，認為戰爭不過「點到為止」，繼承著騎士精神，親自披甲上陣。那個時代的經濟學家凱因斯、哈耶克、米塞斯都投身到這場戰爭中，哈耶克還多次遇險。

最開始，凱因斯及很多歐洲菁英都以為這場戰爭最多 3 個月就結束了。倫敦人一邊享受著下午茶，一邊看著報紙了解歐陸戰場的捷報。但是，戰爭逐漸失控、越拖越久，身邊的朋友

陣亡的消息一一回傳，沉重地打擊了歐洲菁英們。最後，這場原本以為3個月就結束的戰爭打了4年，幾乎所有歐洲國家都捲入其中，過半歐洲貴族菁英陣亡。這可能是戰後歐洲衰落的重要原因。

戰爭只有到生靈塗炭、通膨劇烈和國家危亡，「無差別」地打到每一個人頭上，才可能終止，但為時已晚。一戰後期，西班牙大流感全球大流行，奪走了2,000多萬條生命，歐洲各國無心無兵再戰才收場。二戰後，為了讓戰爭直接懲罰支持者，日本知識分子主張誰支持戰爭誰上戰場。

民族主權國家是避免戰爭的公器，也是戰爭的原因。民族主權國家大規模的國防公共預算缺乏分配效率，削弱了民眾對戰爭成本的感知，還可能膨脹戰爭帶來的民族主義心理效用。所以，現代國家戰爭是公共物品價格失靈的結果。

02 超限戰與冷和平

有意思的是，一戰後，除了德國人，多數歐洲人都極度厭戰。

米塞斯曾提到一段歷史，當時東歐一些國家的政治菁英組建了一個和平聯盟，加入該聯盟的國家，必須做到以和為貴，不允許透過戰爭來解決國家爭端。這種普遍性的厭戰情緒被認為催生了綏靖政策。很多人指責，歐洲人的綏靖政策膨脹了希特勒（Hitler）的野心，對二戰的爆發負有直接責任。

起伏：風險與化解

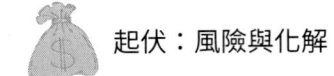

國際組織和建構秩序到底能否抑制戰爭？

早在「三十年戰爭」結束時，即西元 1648 年，西班牙、神聖羅馬帝國等參戰國達成了西發里亞主權體系。這是人類史上第一個國際體系。此後，人類試圖透過協議來遏制戰爭。不過，東歐政治菁英組建的和平聯盟顯然沒能遏止二戰。凱因斯認為二戰的根源是凡爾賽體系，這一國際秩序反而誘發了戰爭。而二戰後的雅爾達體系又被認為是最近 70 年世界和平的保障。但俄烏衝突觸發了冷戰結束以來最嚴重的地緣政治危機，這一國際秩序正在崩壞。

歷史經驗似是而非，我們需要遵循於一般性邏輯。二戰後，戰爭與和平一般性邏輯仍然有效，市場化程度越高，戰爭的個人成本越清晰，對戰爭的抑制越強；相反，市場化程度越低，戰爭公共物品規模越大，搭便車動機越明顯，國家戰爭爆發及失控的可能性就越大。

過去 70 年，世界從冷戰過渡到相對和平的時代。「僅從邏輯上看，全球化無疑促進了世界和平。就連一些二戰後獨立的、參與了冷戰的亞洲國家也擺脫了意識形態的桎梏主動加入了全球分工體系。」這是福山（Francis Fukuyama）的主張。「不過，我們也看到，在全球化合作中存在種種價值觀衝突。」這是福山的老師杭廷頓（Samuel P. Huntington）的主張。

過去 30 年，師徒二人的觀點伴隨著國際地緣政治形勢的起伏而碰撞。其實，當下全球化的和平，不是福山的春暖花開，

也不是杭廷頓的文明衝突,而是一種「冷和平」。

為什麼?

經濟全球化打破了過去民族主權國家的界限,個人在戰爭與和平中所扮演的角色更加鮮明。無數來自不同民族、種族、國家與信仰的人,在同一個分工體系中合作會發生什麼?共同利益是維繫合作與和平的底線,除此之外,個人的信仰、喜好與偏見都潛藏著衝突的因子。這是一種福山和杭廷頓合體的冷和平。冷和平的典型現象:印度、韓國、土耳其、波蘭、越南五國網友喜歡在 YouTube 吵架,這五國又是積極融入全球化的國家。

我想使用「超限戰」的概念來解釋這種現象。與 20 世紀全面的國家戰爭不同,超限戰是全球化時代的超越界限的戰爭。超越兩種界限:

一是超越戰爭的界限,進入了金融、科技、網路輿論、文化信仰、政治制度等全方位的較量。在俄烏衝突中,美國和北約承諾不出兵,但金融制裁、科技制裁、政治圍剿及軍備支援烏克蘭對俄羅斯帶來全面的壓力。這可能是普丁(Vladimir Putin)沒有預料到的。

二是超越國家的界限,進入個人與個人之間的戰爭。

俄烏衝突是一場典型的全球化時代的超限戰。全球化時代的戰爭不再是過去的民族主權國家之間的戰爭,而是人與人之間的戰爭。

起伏：風險與化解

在全球化時代，一場戰爭對個人帶來的成本，超越了國家的界限，超越模糊的國防軍費。俄烏衝突引發股價下跌，油價大漲，進而波及糧食價格上漲，關係到戰爭國之外的全球多數人的利益。在非參戰國裡，受損的人們也會利用自己的能力去阻止或影響這場戰爭。比如，在社交媒體上論戰，逼迫跨國公司撤出俄羅斯，要求國會對俄羅斯實施金融制裁等等。

東歐爆發了一場戰爭，全球社交媒體上爆發了一場更大的戰爭，這是一場個人與個人之間的戰爭。即使在一個國家內部，個人與個人也在社交媒體上「兵戎相見」。每個人都在上面捍衛自己的經濟利益和價值觀。有些人將自己的價值觀賦予在俄烏中的某一方，因價值觀戰爭的暫時勝利而得意忘形，反之則政治性憂鬱。這是一個超越國家界限的個人價值觀大撕裂時代。

同樣，交戰國雙方也在全球社交媒體上交鋒。全球化的戰爭波及每一個人，戰爭的發起方需要對外解釋戰爭的合法性，以降低國際壓力；而戰爭的另一方，則盡量爭取全球受害者的支持。

澤倫斯基（Volodymyr Zelenskyy），1978 年出生，政治新人，深諳「網道」，在社交媒體上透過個人化的「在現場」影片掀起了一場政治旋風；普丁，1952 年出生，政治強人，在傳統媒體上多次發表政治演講。顯然，這是一場存在代際差的輿論戰。不過，在亞洲社媒上，烏克蘭直到戰爭打響 5 天後才開始行動，

而俄羅斯的優勢則相當明顯。媒體對戰局的改變比任何時候都要更快更直接。

這場衝突讓我們看到了和平的力量,也充分地顯露出潛藏在全球化之下的衝突底色。全球化時代的超限戰是人與人之間的戰爭,超越了戰爭與國家。因此,這種超限戰反過來又抑制著戰爭,給世界帶來冷和平——一種僅靠全球化產業分工體系維繫、充滿價值觀衝突的和平。不論我們對「貿易促進和平」有多麼不信任,但至少它是維繫世界和平的唯一底線。

03 外部性與市場化

也許每個人心中都裝著一個惡魔,而我們要做的是如何遏制它。習俗、條約、法律是惡魔的枷鎖,但也可能成為惡魔控制他人的枷鎖。真正有效的辦法是讓惡魔的主人付出同等的代價——撒謊者被唾棄,戰爭發動者自擔風險。

市場抑制戰爭是一條可靠的邏輯,我們需要做的就是徹底打通這條邏輯。我們將詐欺、偷竊、掠奪、戰爭等行為歸納為外部性問題,而市場的存在就是為了解決這些外部性問題。寇斯(Coase)認為,在交易費用為零的情況下,只要明確產權,人們就可以透過市場交易解決外部性問題。

當然,人們意識到可以透過交易來取代偷竊、掠奪,是經過了無數次流血爭鬥的漫長回饋的。所以,某經濟學家才會說,

起伏:風險與化解

市場是非常奢侈的玩意,是無數次懲罰(理性回饋)的結果。如今,但凡市場不張、全球化倒退,人們都可能發生衝突;但凡產權不明,便存在嚴重的矛盾。

資訊市場的產權不明,個人資料產權沒有獲得保護,戰爭造謠者、叫囂者不易遭到價格的懲罰,出現劣幣驅逐良幣現象,謠言、雜訊、詐欺等劣質品充斥著全球社交媒體。媒體或資料掌控者可以左右輿論,透過演算法製造資訊繭房,最終控制人的思想。

這就出現所謂的後真相時代。人們根據被控制的資訊、被教育的知識以及情緒偏好發言,脫離自身利益而不自知,遭遇戰爭懲罰而不自省。真正需要警惕的是反市場行為,米塞斯批評「他們所崇拜的是『英雄』、毀滅者和屠殺者,瞧不起資產階級和其『市儈氣』」。

寇斯的解決思路是有效的,打破媒體的壟斷,個人資料確權,資訊市場競爭便會更加充分,權責利更加明確,外部性會降低。不過我對資訊市場感到擔憂,但這不是本文的重點,重點在下面。

寇斯也犯了一個嚴重的錯誤。他認為,現實中市場交易成本奇高,國家的存在就是為了降低交易費用。寇斯用交易費用來解釋國家的存在,相當於把國家視為特例,陷入了制度外生性的失誤。

其實,市場是解決外部性問題的自發自生的秩序。國家不

是特例，國家也是某種形式的「市場」，也是在解決外部性問題時自發自生的秩序。

本書引用奧爾森（Mancur Olson）的國家理論。奧爾森認為，當流寇政府停下來成為坐寇政府時，國家就產生了。流寇為什麼會變成坐寇？奧爾森認為，流寇以搶劫為生，但也存在成本與風險；當流寇意識到，坐下來收稅，風險更小、收益更大時，流寇政府就變成坐寇政府。換言之，流寇以搶劫為生，製造了外部性問題；坐寇以稅收為生，使用的是市場交換手段，即坐寇提供軍事保護，民眾向坐寇政府納稅。這是一種政治市場，坐寇政府是市場主體，負責提供公共物品，主要是軍事保護，稅收就是公共物品的價格。可見國家誕生於政治市場，解決搶劫的外部性問題。

但是，坐寇政府是壟斷性市場，不是自由競爭市場，稅收不是真正的自由價格；同時催生了王朝戰爭、稅收盤剝等外部性問題。只有國家成為真正的自由市場，才能充分解決外部性問題。接下來，人類幾千年的政治運動都往一個方向折騰，那就是國家的市場化。

直到近代，國家市場化才在內部獲得突破，即政治自由，兩個典型代表是民主制度和聯邦制度。所謂民主制度其實就是政治自由化，打破王室壟斷，平等競爭，公共選擇變成了一種市場行為。聯邦制度就是國家內部的政府之間自由競爭，實施競爭性稅率，聯邦之間的稅收價格競爭更加充分。

起伏：風險與化解

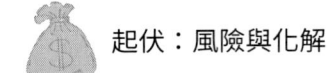

法國大革命後，以民族為紐帶的主權國家開始興起，國家市場進入政治自由化階段，政府的內部效率大幅度提升。但是民族國家主權的崛起帶來兩大外部性難題：

一是保護國家主權依賴於大規模的公共物品，包括軍費開銷和社會福利，由於公共物品存在分配難題，民眾無法清晰知曉公共費用會落到自己頭上，最終導致主權債務失控或國家戰爭失控。

二是民族主權國家對外的壟斷性極強，政府掌控著鑄幣權和關稅權，限制資本、人口、資源的流動，打擊了稅收的價格自由度，容易誘發內部通膨和外部戰爭。

實際上，一戰和二戰的爆發，與民族主權國家的崛起以及以上兩大外部性息息相關。二戰後，經濟全球化打破了民族主權國家的對外壟斷，商品、資訊、資本與人才大規模流動。國家市場化進入了全球化階段，政治的內部自由競爭進入外部自由競爭，稅收的自由價格彰顯，政府受到了國際市場的價格約束和激勵。

最典型的例子是競爭性稅率。最近幾十年，各國尤其是新興國家，為了吸引外資，紛紛降低關稅、企業所得稅，稅收補貼外商投資。此舉促進新興國家融入全球分工體系中，無數個人在出口製造、國際物流中就業與生存，大大促進了世界穩定與和平。

但是，這個全球化秩序是一個扭曲失衡的秩序。問題主要

是全球建制派主導的國家市場化不夠徹底，表現為兩個方面：一是資本暢通無阻，人口禁止跨國，資本稅率小於勞動稅率，導致貧富差距越拉越大；二是各國央行使用壟斷的鑄幣權在2008年金融危機後大規模印鈔，推高了富人的資產，洗劫了普通家庭的財富，引發了民粹福利主義，進而加劇了貨幣和財政擴張，公共物品淪為「公地悲劇」。於是，這些受害者成為反全球化的主力。

金融危機後，逆全球化思潮盛行；俄烏衝突後，國際地緣政治兩極化。如此，國際舊秩序正在崩壞。接下來，怎麼走？

目前存在兩個趨勢：一是金融、能源、技術、資訊網路完全分離，全球產業鏈被政治抱團支配、重組，一些國家可能被排除在國際市場之外；二是各國開啟軍備競賽，軍費開銷陡增，德國宣布軍費總額將達到 GDP 的 2%，並額外撥款 1,000 億歐元用於打造軍隊，美國拜登總統提交的 2023 財年預算案，國防支出創紀錄達 8,133 億美元。

實際上，逆向全球化時代擴張軍費是危險的，大規模的軍費公共物品存在分配難題，容易誘發戰爭。希望這一過程只是權宜之計，而非策略。

策略應該遵循邏輯，而邏輯則恰恰相反，那就是國家在全球化時代徹底市場化，打破人口流通限制，實現要素全球流通，稅收價格、匯率價格充分自由化。如此，競爭性政府實施競爭性稅率，提供優質的公共物品（其實已轉變為私人物品），

起伏：風險與化解

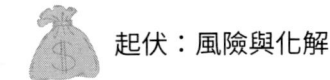

以吸引企業、資本與人口。同時，制度也內生於國家市場，抑制掠奪、戰爭的法律與國際協議便更加有效。

其實，人類的國家歷史是一部走向市場化的歷史。從坐寇政府開啟低階的國家市場，到國家市場全球化，國家戰爭的代價攀升、收益下滑。坐寇政府還有掠奪人口、土地與資源的動機，主權國家政府轉向商品、技術與資本貿易。如今，世界的比較優勢從外生性的資源稟賦轉移到內生性的制度、人才與技術，競爭性政府考慮的只是如何吸引人力資本。在200多年前，史密斯就意識到，未來的戰爭會變得「更溫和」，人道主義行為在戰爭中會增加，「即使在戰場上，人們也流露出對人和財產更多的尊重」。

國家是自發秩序的最後一個堡壘，國家市場的全球化意味著個人的全球化，人流如織、利益如網，遏制著每個人心中的惡魔，自發自生出冷和平的世界。這就是我之前提出的國家市場理論，它既符合邏輯也符合歷史。

■ 參考文獻

(1) 瑪莉亞·帕加內利，萊因哈德·舒馬赫，貿易能夠帶來和平嗎？來自亞當斯密的啟示 [J]，李黎力，周昕煜譯2021（5）.

(2) 路德維希·馮·米塞斯，人的行為 [M]，夏道平譯，2015.

如何化解糧食安全擔憂？

2022 年 5 月 4 日，由聯合國糧農組織、世界糧食計劃署和歐盟共同領導的「全球應對糧食危機網路」（GNAFC）發表了《2022 全球糧食危機報告》。報告稱，受衝突、極端天氣、新冠疫情等多重因素影響，2021 年共有 53 個國家和地區接近 1.93 億人遭遇嚴重糧食短缺，這一數字比前一年增加 4,000 萬人。

資料顯示，世界糧食計劃署在 2019－2021 年援助的飢餓和營養不足人口連年上升，分別達到 9,710 萬人、1.155 億人和 1.28 億人。2023 年預計援助人口將達到 1.37 億人。

俄烏衝突引發全球糧食危機擔憂，若全球糧食、能源和金融的三重危機相互衝擊，將帶來全球性和系統性的破壞。尤其是世界上最脆弱的人群、國家和經濟體將在貧困和飢餓問題中越陷越深。

01 糧食危機的導火線

從全球糧食產業的角度來看，俄烏衝突無疑是地球兩大糧倉的火拚。

烏克蘭是全球第四大糧食出口國，被稱為「歐洲糧倉」。烏克蘭擁有地球 4 分之 1 的黑土地，烏克蘭大平原的耕地面積約 4,256 萬公頃，為全球 4 億人口供應糧食，其中 10 分之 1 由中

起伏：風險與化解

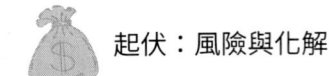

國公司耕種；每年穀物和豆類產量超過 6,000 萬噸，其中 3 分之 2 對外出口。

2021 年，烏克蘭農產品出口額達 277 億美元，同比成長 25%。其中，小麥出口量為 2,000 萬噸，占全球的 9.85%，為第五大小麥出口國；大麥出口量為 580 萬噸，占全球的 16.67%，為第三大大麥出口國；玉米出口量為 2,750 萬噸，占全球的 13.74%，為第四大玉米出口國。另外，烏克蘭還是全球第一大葵花籽油出口國，葵花籽油產量占全球的 28.6%，葵花籽油出口占全球的 50%。[03]

俄羅斯是全球第三大糧食出口國，是中東及非洲國家主要的糧食進口國。俄羅斯的耕地主要分布在中央區、窩瓦河地區和南部，耕種面積達到 1.26 億公頃，每年糧食產量超過 1.3 億噸。

2021 年，俄羅斯農產品出口額達 377 億美元，同比成長 23.6%。其中，小麥出口量為 3,200 萬噸，占全球的 15.76%，為第二大小麥出口國；大麥出口量為 450 萬噸，占全球的 12.93%，為第四大大麥出口國；玉米出口量為 450 萬噸，占全球出口量的 2.25%。[04]

俄烏兩國的小麥合計產量達 10,816 萬噸，合計出口占全球的 25.6%；大麥合計產量為 2,740 萬噸，合計出口占全球的

---

[03]　周欣瑜，誰在推動「糧食危機」[EB/OL]，（2022-05-02）[2023-01-02]．
[04]　同上。

29.6%；玉米合計出口占全球的19%，葵花籽油合計出口占全球的80%。

兩大糧倉開火，全球糧價上漲。這場衝突對糧價的推動大致表現在如下幾方面：

一是烏克蘭糧食減產。戰火嚴重破壞了烏克蘭的基礎設施和部分耕地，耽誤了農時與生產，直接降低了烏克蘭的糧食產量。按照聯合國糧農組織的猜想，烏克蘭2023年可能有20%～30%的冬季穀物、玉米和葵花籽無法種植或收割。聯合國糧農組織的最新報告猜想，由於烏克蘭目前的局勢，2023年全球小麥產量將下降20%。

二是烏東地區鏖戰，糧食供應受阻。俄軍圍攻敖德薩等港口，又封鎖了黑海航道，而這些港口及黑海航道承擔著烏克蘭90%的糧食出口。如今，大規模的小麥、大豆、玉米積壓在敖德薩港無法外運。烏克蘭總統澤倫斯基近日表示，由於俄羅斯持續封鎖烏克蘭黑海港口，烏克蘭可能損失數千萬噸糧食，進而引發一場影響歐洲、亞洲和非洲的糧食危機。

三是俄烏限制糧食出口。俄羅斯宣布暫時禁止向「對俄不友好國家」出口小麥、黑麥、大麥、玉米等穀物，烏克蘭也對蕎麥、裸麥、稻米和燕麥實行出口限制。

四是能源金融化、糧食能源化，能源價格上漲推動化肥價格大漲，進而推動糧價上漲。俄烏衝突導致石油和天然氣價格暴漲，而天然氣又是化肥的主要原料。同時，俄羅斯和白俄羅斯

起伏：風險與化解

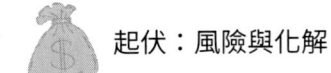

是化肥的主要供應國，兩國鉀肥產量和出口量占全球的40%。

世界銀行提供的化肥物價指數2022年3月漲至237.6，較上年同期上漲1.3倍，創下自2008年以來新高。其中，氯化鉀肥3月漲至每噸562美元，較上年同期上漲1.8倍，創出主要化肥品種的漲幅紀錄。尿素價格也上漲了1.6倍，至每噸907美元左右。

全球化肥價格上漲，農民減少化肥採購，進而降低了農產品產量。世界最大的鉀肥生產商Nutrien，預計2022年全球鉀肥出貨量將下降至6,000萬噸至6,500萬噸。

在北美，美國農業部2022年3月底釋出的農戶種植意向調查顯示，相對來說較多使用化肥的玉米的種植面積預計減少4%。在南美，如果鉀肥使用量減少20%，預計巴西大豆年產量將下降14%。

在亞洲，國際肥料發展中心（IFDC）警告，印度、孟加拉、印尼等亞洲國家的農民正在減少化肥使用量，這導致下一季水稻收成或將減少10%，相當於大約3,600萬噸稻米。在非洲，國際肥料發展中心觀察發現，撒哈拉沙漠以南的化肥使用量已減少30%，這可能會使非洲穀物產量減少3,000萬噸。

俄烏衝突爆發後，2022年3月聯合國糧農組織糧價指數同比漲幅擴大12.1個百分點，至31.4%。其中，穀類和油料類糧價同比增速分別高達35%和53.5%，對應指數分別為166.5和243.2，均創有資料以來新高。同時，大豆期貨、玉米期貨價格屢創新高。世界銀行業時預測，由於俄烏衝突將改變世界交

易、生產和消費的方式，2022 年，全球食品和糧食在上一年上漲了 31% 的基礎上，還將繼續上漲 22.9%。

通常，食品價格每上漲 1%，將有 1,000 萬人陷入極端貧困。與歷史上的糧食危機類似，首當其衝的還是世界上最邊緣的國家和最脆弱的人群，而這次他們遭受的衝擊甚至更加直接、快速。

俄烏兩國的糧食出口地主要是中東和非洲地區。2020 年，非洲國家從俄羅斯進口了 40 億美元農產品，其中小麥占 90%。俄小麥出口埃及占 31.3%，土耳其占 17%，孟加拉占 6.44%，奈及利亞占 4.84%，葉門占 3.89%，蘇丹占 2.51%。

2020 年，非洲國家從烏克蘭進口了 30 億美元農產品，其中小麥占 48%、玉米占 31%。烏小麥出口埃及占 22%，印尼占 19.4%，菲律賓占 7.79%，土耳其占 6.67%，突尼西亞占 6.31%，葉門占 2.26%。

肯亞、吉布地、厄利垂亞、蘇丹、蒲隆地、烏干達、索馬利亞、盧安達等非洲國家的小麥進口，90% 來自俄烏兩國；埃及、土耳其、孟加拉、敘利亞的這一資料都超過 60%。黎巴嫩、突尼西亞、葉門、利比亞對這兩個國家的小麥依賴度也非常高。

比如埃及，人口超過 1 億人，主要食物烤麵包的原料就是俄烏的小麥，其中 60%～85% 從俄羅斯進口。戰爭爆發後，埃及的小麥粉價格上漲了 20%，小麥儲備不足 3 個月，很可能會陷入糧食危機。又如黎巴嫩和斯里蘭卡，這兩個國家已陷入經

起伏：風險與化解

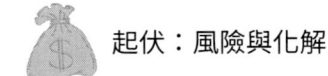

濟危機和人道主義災難。黎巴嫩 90% 的小麥從俄烏進口，每年糧食進口額為 8 億美元，但這個國家沒有這麼多外匯進口小麥，如今 4 分之 3 的人口陷入貧困。斯里蘭卡的主權債務已違約，沒有足夠的外匯進口能源、糧食和藥品，大量表示不滿的示威者與政府爆發了嚴重的街頭衝突。

02 我們如何應對糧食危機？

如今，全球各國的口糧，基本上是由全球化市場來保障的。

蘇聯解體後，俄羅斯繼承了大規模的土地，但糧食卻無法自給，進口比例達到 50%。最近 20 年，俄羅斯引進種子、化肥、農藥和農業機械，同時加大農業補貼，糧食產量大幅度提升，轉變成為全球第三大糧食出口國。烏克蘭 3 分之 1 的種子靠進口，主要來自法國。玉米種子進口占穀物種子進口的 91%，向日葵種子進口占油料種子的 83%。這些進口種子提高了「歐洲糧倉」的產量。此外，日韓大量進口歐洲、美洲的小麥和玉米，騰出更多的資源生產稻穀和發展精準農業。如今，全球糧食產量基本滿足需求，各國糧食的平均自給率超過八成，這是全球化最佳化資源配置的結果。

但是，正如我之前所說的，如果逆全球化態勢持續，全球糧食危機可能爆發。

我們需要關注一組矛盾的資料：從 2018 年到 2021 年，全

球糧食一直在增產，糧食總產量分別為 26.5 億噸、27.1 億噸、27.8 億噸、28.0 億噸；糧食總供應量基本滿足總消費量，以 2020 年為例，總供應量為 36.6 億噸，大於總消費量 28 億噸，期末庫存和庫存消費比分別為 8.5 億噸和 30.3%。但是，近幾年，糧價持續上漲，陷入飢餓的人數卻迅速增加。聯合國近幾年發表的資料顯示，2019 年全球有近 6.9 億人挨餓，比 2018 年增加了 1,000 萬人，而在新冠疫情俄烏衝突的推動下，如今這一數字上漲到 8 億人，占地球總人口的 10.5%。

目前，有兩股不同的力量分別影響著人類的口糧：

一是市場的力量。俄烏衝突爆發後，國際糧食價格上漲，國際市場開始自動調節。非洲、亞洲國家無力承擔化肥價格上漲，削減了糧食產量；而糧食主要出口國因有利可圖而加大了糧食耕種和出口。比如，巴西減少大豆種植面積（大豆使用鉀肥量更大）的同時增加小麥種植面積，增加到 340 萬公頃，產量將提升至 900 萬噸。

USDA 預測，澳洲全年小麥出口將創新高，達到 2,800 萬噸。歐盟 2023 年的出口量也將達到 3,800 萬噸，同比成長 26%，為 10 年來第二高。印度小麥出口量在 2023 年 3 月創下了 785 萬噸新紀錄，同比成長 275%。

預計 2023 年的糧食供應產量會有所減少，但還能夠達到供需臨界平衡。比如，預計小麥產量為 7.79 億噸，稍微低於 7.87 億噸的總需求量。糧價刺激糧商增加產量，糧食供需壓力會有

起伏：風險與化解

所緩解。價格調節機制是全球糧食連年增產的基礎。

二是反市場的力量。從新冠大流行開始，糧食貿易保護主義開始抬頭。2022年，繼俄烏之後，白俄羅斯、土耳其、匈牙利、印尼、阿根廷都頒布了出口限制性政策。從2月到4月，對食品實施出口限制的國家數量已從3個攀升至23個。就產品貿易總額而言，各國出口限制影響了約35.9%的小麥出口、55%的棕櫚油出口、17.2%的玉米出口、78.2%的葵花籽油出口和5.8%的豆油出口。

世界糧食計劃署一位代表認為，全球生產的糧食足以養活全球人口，但全球仍有近8億人吃不飽，因為約有3分之1的糧食被損失或浪費，由此造成的經濟損失有1兆美元左右。全球在生產、收穫、運輸、倉儲、加工等零售環節之前的糧食損失約占到總產量的14%，零售、消費環節浪費的糧食約占17%。

真正引發糧食危機的並非供應不足，而是人為破壞了全球糧食市場。戰爭、制裁及各種人為因素無疑大幅度提高了供應成本，進而抬高了糧食價格。當前，糧食安全的真正威脅是新冠疫情、俄烏衝突、國家衝突、經濟制裁、糧食保護主義構成的逆全球化。

那麼，我們該如何應對呢？

短期來說，還是得擴大糧食進口。

自2021年開始，A國擴大了糧食進口，稻米、大麥、高粱、玉米進口增速都超過50%。這場衝突爆發後，A國轉向澳

洲和北美大量進口糧食。但是，糧食和化肥進口價格上漲，對糧食供應構成一定的制約。海關資料顯示，2022年第一季中國進口肥料243.6萬噸，同比下降17%，價值66.7億元，同比上漲39.7%。

當我們理解了糧食全球化配置的邏輯和逆全球化的危害，我們要做的不是支持逆全球化，而是破除各種壁壘，做大農業市場，深度融入全球化市場，繼續利用國際技術和資本提高農業技術和糧食產量。

可能有人覺得，大豆不是主糧，A國可以減少進口，擴大種植面積。但大豆的年需求量與小麥是同一個等級的，比稻米少一些。大豆進口可謂牽一髮而動全身。如果大豆進口終止，A國需要騰出耕地種植大豆。由於A國大豆產出率很低，要滿足超過1億噸的年需求量，將消耗大量的耕地和化肥。如此，三大主糧的種植面積和化肥將減少，進而衝擊主糧供應。

最後，需要注意的是，這次糧食危機還疊加金融危機。美國是唯一一個能源和糧食雙出口的已開發經濟體。美國之外的國家可能遭遇「雙核」衝擊。美元升值和能源及糧食價格上漲，對美國之外的國家股債匯樓市形成大脈衝，同時對美股也構成龐大威脅。那些能源和糧食自給率低且長期仍繼續實施寬鬆政策的國家，不得不大規模拋售本幣，以追逐上漲的美元、能源和糧食。一旦匯率崩潰，立即陷入金融危機，金融危機又會加劇饑荒，如現在的斯里蘭卡和黎巴嫩。

起伏：風險與化解

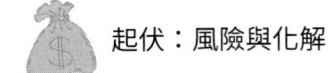

越過所謂的宏大敘事，關心個人冷暖與安危，社會才可能變得更好。

■ 參考文獻

(1) 地球知識局，這些國家，糧食危機要來了嗎？[EB/OL]，（2022-03-18）[2023-01-02]

(2) 大衛・李嘉圖，政治經濟學及賦稅原理[M]，郭大力，王亞南譯，2005.

(3) 陸勝斌，顧慧君，疫情會引爆全球糧食危機嗎[EB/OL]，（2020-04-01）[2023-01-02].

(4) 彭瑤，呂珂昕，多重挑戰下，如何應對全球糧食安全風險[N/OL]，（2022-05-08）[2023-01-02].

(5) 楊曉東等，中國農作物商業化育種現狀及發展對策[J]，2014（2）.

戰爭的經濟學解釋

在農耕時代，游牧民族的鐵騎橫跨歐亞大陸，飲馬多瑙河，生靈塗炭。在地理大發現時代，歐洲人在亞非拉大陸上發動了殖民戰爭。

在自由市場繁榮的 20 世紀，人類爆發了兩次規模空前的世界大戰。

自由市場與經濟全球化，給人類帶來了和平還是災難？

二戰後，在核子武器「恐怖平衡」、國際秩序及深度全球化的支配下，世界迎來了長達半個多世紀的和平與繁榮。

如今，經濟繁榮終結，全球化退潮，債務危機重重，民粹主義、民族主義及反自由主義氾濫，國家主義、干預主義崛起，世界和平還能持續多久？

本節探索戰爭與國家、經濟、和平的關係，從歷史的角度分析當今世界的穩定與和平所面臨的挑戰。

01 戰爭與國家

五帝時代，華夏集團中的炎帝、黃帝為了爭奪部落領導權，在阪泉兵刃相見。阪泉之戰是華夏戰爭史的開端。

阪泉之戰後，華夏部落、東夷部落、苗蠻部落之間展開了曠日持久的原始戰爭。

《呂氏春秋》中記載：「黃帝嘗與炎帝戰矣，顓頊嘗與共工爭矣。故黃帝戰於涿鹿之野，堯戰於丹水之浦，舜伐有苗，啟攻有扈，自五帝弗能偃也。」考古學家也證實了五帝時代的原始戰爭。

原始戰爭是典型的馬爾薩斯式戰爭。那時正處於新石器時

起伏：風險與化解

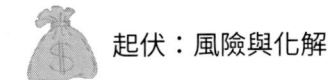

代晚期，磨製石器和醃製技術進步，部落開始貯存食物、定居繁衍。

考古學證明，在新石器時代之前每年增加的人口與新石器時代之後每年增加的人口之比為 1：125。人口激增引發人地矛盾，誘發了領地爭奪戰，打破了「小國寡民」、「老死不相往來」的原始部落生活方式。

五帝時代的原始戰爭，加速了華夏國家的誕生。

美國人類學家埃爾曼·塞維斯（Elman Service）提出「群隊——部落——酋邦——國家」的演變路徑。華夏國家亦由群隊、部落、酋邦演變而來。

國家與部落一個非常重要的區別是，部落是以血緣為核心的社會組織，國家則以疆域為核心。原始戰爭打破了以血緣為界限的組織，構成了地緣統治。

黃帝獲得華夏部落集團的領導權後，進而又征服了蚩尤領導的東夷部落集團。《史記·五帝本紀》中記載黃帝華夏部落集團的疆域「東至於海，西至空桐，南至於江，北逐葷粥」。

國家起源學說有多種，其中戰爭起源學說似乎比較貼近歷史。

當代著名人類學家羅伯特·卡內羅（Robert L. Carneiro）認為，戰爭是國家興起的主要動力。

出於安全與生存之需，遠古人類遵循血緣的原則，讓渡出部分個人權利與自由，寄託於政治強人、軍事首領之下，形成

部落「公共組織」。隨著部落戰爭的擴張，這一公共組織逐漸突破血緣限制，形成區域統治，酋邦及國家則日漸形成。

美國人類學家喬納森・哈斯（Jonathan Haas）認為：「當一個有限區域內所有的社群逐步從屬於單一政體時，國家就出現了。」

原始戰爭催生了國家，也催生了英雄崇拜與集權。

在征服東夷部落集團時，黃帝的身分已從部落首領演化為軍事首領。「諸侯咸尊軒轅為天子，代神農氏，是為黃帝」，「天下有不順者，黃帝從而征之」。用今天的話來說就是，黃帝掌控軍事征伐權。

英雄崇拜的結果是權力氾濫。原始戰爭加速了權力集中，促使部落軍事首長的權力向王權演變，從而凌駕於各大小部落之上。

恩格斯（Friedrich Engels）主張國家掠奪和剝削理論，他寫過一本書叫《家庭、私有制與國家起源》（*Der Ursprung der Familie, des Privateigenthums und des Staats: im Anschlub an Lewis H. Morgan's Forschungen*）。恩格斯說：「征服者民族的最近的代表人是軍事首長。被征服地區內對外的安全，要求增大他的權力。於是軍事首長的權力變為王權的機會來到了，這一轉變發生了。」

不過，五帝時代處於部落向酋邦過渡的時代，與真正的君權國家還有距離。五帝時代雖然權力逐漸集中，但王權更替依

起伏：風險與化解

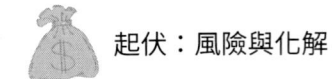

然採用禪讓制。堯雖有一個兒子，但卻將王權禪讓給了舜；舜雖有9個兒子，卻將王權禪讓給了禹，「至公也」。這就是「大道之行也，天下為公，選賢與能，講信修睦」。

當時戰爭頻繁，必須推舉出德才兼備、能征善戰的首領才能帶領部落存活。當然，其中也不排除政治鬥爭，如舜逼堯退位。

到了禹時代，華夏部落徹底征服了苗蠻部落，華夏在中原得以立足，禹的個人威望與權力也登峰造極。

這時天下似乎太平，戰爭的威脅降低，禹並未採取禪讓制交出王權，而是將首領之位傳給了自己的兒子啟，這相當於將王權私有化了。

啟是華夏國家第一位以世襲制而獲得王權的首領。繼承制的確立，象徵著早期華夏國家的建立，從此開啟了家天下的帝王統治。

不過，啟必須解決一個關鍵問題：王權合法性。

當時，有扈氏部落反對啟繼位，維護禪讓制，啟對有扈氏部落發動平叛戰爭。「大戰於甘，乃召六卿」，王號令三軍，「有扈氏威侮五行，怠棄三正，天用剿絕其命，今予唯恭行天之罰」（《尚書·甘誓》）。

「行天之罰」意思是替天行道。啟推行意識形態統治，使用「君權神授」來維護其政權合法性。幾千年來，歷代君王效仿之。

政權的合法性、國家的合法性、戰爭的合法性是「三位一體」的。

啟面臨政權合法性問題，不得不以意識形態、「行天之罰」及威逼利誘，將臣民與國家利益捆綁，進而以國家之名義發動戰爭，維護王權統治。本質上，甘之戰是啟為了維護政權合法性的王權戰爭，並非華夏部落與有扈氏部落之間的戰爭。

與質疑政權合法性的國家爆發戰爭時，啟之酋邦國家始終面臨內部的脆弱性。

羅曼·羅蘭（Romain Rolland）在大戰爆發前敏銳地洞察到：「現在是一個需要保持警惕的時代，而且愈來愈需要警惕。煽起仇恨的人，按照他們卑劣的本性，要比善於和解的人更激烈、更富於侵略性，在他們背後還隱藏著物質利益。」

所以，戰爭催生了國家，反過來國家又可能成為戰爭的機器。

02 戰爭與經濟

與中國相比，歐洲國家的形成要晚得多。中世紀及之前的歐洲屬於城邦自治式國家。15－16世紀，歐洲開始出現歷史大分野，民族國家逐漸出現。

歐洲國家的誕生同樣源於戰爭，一場持續半個多世紀的戰爭──義大利戰爭。

東羅馬帝國覆滅後，歐洲大陸上的城邦相互征戰，試圖擴

起伏：風險與化解

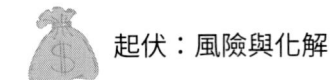

大領地。幾乎所有的歐洲大城邦國家都捲入了這場曠日持久的戰爭。戰爭加速了法國、西班牙、鄂圖曼土耳其、義大利等主權國家的成立，奠定了歐洲國家版圖——「三十年戰爭」後確立的西發里亞國家體系。

在這場戰爭中，歐洲一些學者（如柯爾貝〔Jean-Baptiste Colbert〕）開始思考：「在歐洲諸國關於誰能夠獲得支配地位的問題上，商業引起了它們以和平方式和戰爭方式的持續鬥爭。」

柯爾貝等重商主義者視貿易為戰爭，他們認為，「商業是國家間永恆的、和平的戰爭，是精神和工業的戰爭」，「誰控制了海洋就控制了世界貿易，誰控制了世界貿易就控制了世界帝國，誰成為世界帝國的主人，就控制了世界本身」。

可以看出，重商主義者將商業與貿易定義為侵略手段及掠奪財富的工具。他們主張限制出口，最大限度地創造貿易順差，賺取鉅額外匯。這種「彼之所得我之所失」的主張，很容易成為戰爭的導火線。

後來，休謨、魁奈（François Quesnay）等學者大力批判重商主義，進而催生了英國古典自由主義。英國古典政治經濟學家們認為，貿易與戰爭的本質相悖：「所有貿易本質都有利益可圖，即使對受益最少的一方也有好處。所有的戰爭本質上都是摧毀我們人類。」

古典自由主義的自信來自史密斯的分工及市場學說以及李嘉圖（Ricardo）的比較優勢理論。史密斯在《國富論》（The

Wealth of Nations）特別論述了戰爭和軍隊。他意識到勞動分工抑制了戰爭，職業軍隊的出現有助於國家穩定。勞動分工及貿易互利，大大增加了戰爭爆發的成本。

儘管 19 世紀的英國在全世界發動了大規模的殖民戰爭，但是他們依然堅信，「曼徹斯特主義將終結殖民主義」。

功利主義哲學家、經濟學家邊沁（Jeremy Bentham）認為貿易帶來和平，而非戰爭。他說過一句名言：「即使征服全世界，你也不能將貿易增加半個便士。」同時，邊沁還撰寫過一份〈一項普遍永久和平計畫〉，首次提出透過制定國際法來讓殖民地恢復自由。

西元 1848 年歐洲爆發大革命，「曼徹斯特自由主義的宣告人」巴斯夏（Frédéric Bastiat）焦急萬分地寫下《和諧經濟論》（Economic Harmonies）。在開篇「致法國青年」中，他呼籲捍衛自由主義，別把國家引向錯誤的道路。巴斯夏向法國青年指明方向：「社會問題的解決完完全全存在於自由這兩個字之中。」

1914 年第一次世界大戰爆發，大半個歐洲被捲入這場規模空前的戰爭之中，經濟學家們開始對自由主義產生了懷疑。

這場戰爭是怎麼爆發的？

我們先看這場戰爭的主角——德意志。德意志的崛起遠遠落後於英法，法國大革命時期，德意志還是一個由容克地主掌控的城邦國家。這個國家的誕生（統一），也源於 3 次王朝戰爭。

起伏：風險與化解

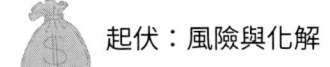

西元 1862 年 9 月 26 日，俾斯麥（Otto von Bismarck）首相在下院首次演講中就如此斬釘截鐵地說：「當代的重大問題並非透過演說和多數派決議就能解決的，而是要用鐵和血來解決。」

從此，俾斯麥被冠上了「鐵血宰相」的綽號。俾斯麥先後策動了普丹戰爭、普奧戰爭和普法戰爭。俾斯麥將戰爭作為政治的延伸，「弱水三千只取一瓢」，在英法俄三龍頭中擠出了一點生存空間，德意志得以獨立。

俾斯麥開創的是國家主義之路，這是一把重劍。德皇威廉一世（Wilhelm I）去世後，志大才疏的威廉二世（Wilhelm II）踢開俾斯麥，揮舞起這把重劍，大開殺戒。

俾斯麥在卸任之前寫了五大對外策略，其中第一條就是：「放棄在歐洲任何形式的擴張，包括在海外殖民地」。威廉二世卻不以為然，甚至四面樹敵，擴張海軍挑釁英國，插足摩洛哥挑釁法國，干涉巴爾幹半島挑釁俄國。

1914 年 6 月 28 日，奧匈帝國皇儲斐迪南大公（Erzherzog Franz Ferdinand von Österreich-Este）在塞拉耶佛遇刺身亡。同盟國皇儲被刺殺，威廉二世鼓動奧地利立刻「和塞爾維亞來一場最終的、徹底的清算」。最終，事態失控，德國同時對俄、法、英、美、意宣戰。

德軍總參謀部制定了雙線作戰、速戰速決的史里芬計畫，這一豪賭式的作戰計畫後被希特勒繼承。

那麼，一戰是不是自由主義的失敗？

英國自由主義者的樂觀主義讓歐洲失去了警惕。面對威廉二世的步步緊逼，歐洲的菁英們只是對著報紙發幾句牢騷，接著拿起咖啡繼續享受美味的下午茶。

英國人可能不知道，德國經濟學家完全不相信英國古典自由主義這一套。當時，德國歷史學派在國內占據了絕對的統治地位，他們認為，英國政治經濟學不具有普遍性，反對自由貿易。他們認為國家爭鬥不能歸納、約化為經濟競爭，將國家爭鬥永遠擺在第一位，強調個人福利、經濟手段服務於國家目標。

英國學者普遍認為第一次世界大戰是「德皇的戰爭」，而不是自由主義的戰爭。不過，這場戰爭動搖了經濟學家對自由主義的崇拜，其中包括馬歇爾的得意門生皮古與凱因斯。

1921 年，皮古撰寫了《戰爭經濟學》（*The Political Economy of War*）一書。他在書中延續了福利經濟學的思想，認為自由主義無法避免戰爭，只能用轉移支付的方法——將富人部分收入轉移給窮人，以減少國民福利的犧牲。

一戰後，美英法等國齊聚巴黎凡爾賽宮試圖瓜分德國。當時，英國經濟學家凱因斯作為英國財政部首席談判代表，反對對德國的過度制裁，以免激發德國民族主義者的反抗。但被與會者漠視，凱因斯憤然辭去了和會代表職務，然後撰寫了《凡爾賽和約的經濟後果》（*The Economic Consequences of the Peace*），引起極大爭議。

他在書中焦慮地寫道：「在我落筆之時，俄國十月革命正如

起伏：風險與化解

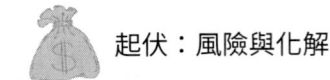

火如荼地進行著，而中東歐的人們則陷入到了令人感到可怕的麻木狀態……仰天長問！人們忍耐的限度還有多少，最終從哪個方向來尋求脫離苦海，誰人可以為此作答？」

結果，正如凱因斯所料，戰後德國經濟崩潰，爆發通貨膨脹，民不聊生，民粹主義、民族主義、種族主義及國家復興主義沸騰，納粹黨領袖希特勒在德國民眾的簇擁下登臺，二戰日益迫近。

德國歷史學派主張「德國特殊論」，與希特勒的種族優越論不謀而合。新歷史學派代表維爾納‧桑巴特（Werner Sombart），寫了一本關於德國社會主義的書，讚頌希特勒是從上帝——宇宙的最高元首——那裡得到了指示，而且元首的話就是永恆的啟示。

當時的德國，理性的言論及客觀的描述被認為是刺耳的、賣國的，自由貿易及對外開放被貼上投降主義的標籤，公共的廣場被民族主義者及納粹主義者的噪音、喧囂及反智言論所占領。

從一個因戰爭而誕生的民族國家，到抑制戰爭的法治國家，這個距離或許是幾個世紀，這個代價或許是生靈塗炭、文明罹難。

03 戰爭與和平

人類千萬年的歷史,是被戰爭統治的歷史,更準確說是被意識形態戰爭統治的歷史。

奧地利經濟學家米塞斯,親身經歷了兩次世界大戰。在一戰中,米塞斯在東部戰場中艱難地生存下來。戰後,他撰寫了《民族、國家和經濟》(Nation, State, and Economy)一書,認為頑固的民族對立情緒驅使本國捲入這場戰爭。

二戰爆發前,米塞斯在學術上一直被德國歷史學派排除、打壓。作為猶太裔學者,他遭到納粹的迫害而逃亡瑞士,後輾轉抵達美國。

米塞斯對戰爭的體悟是極其深刻的。在逃往美國的路上,米塞斯寫下了一本充滿憤怒情緒的回憶錄。他眼看著自己的國家被納粹德國侵占而無比沮喪。在與國家主義、集權主義持續抗爭的 20 年裡,米塞斯感到遺憾的是,自己並非過於好鬥,而是過於妥協。

米塞斯痛斥德意志菁英缺乏氣節與勇氣,「當馬克思主義風行一時,他就表示自己信仰馬克思主義;當希特勒執掌大權,他就撰文宣稱元首受命於天」,「與這些人相處久了,我就開始明白,德意志民族已經無可救藥了;這些平庸的蠢人已經是千挑萬選的菁英分子」。

在米塞斯看來,跪舔權貴的德國菁英以及民族矛盾不可調

起伏：風險與化解

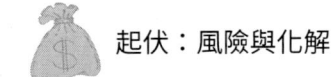

和的「蒙塔涅教條」，必須為這場災難負責。這種菁英及「蒙塔涅教條」富有生命力，他們輕言戰爭，鼓吹「修昔底德陷阱」。

米塞斯認為，導致了兩次戰爭和失敗的侵略性的帝國主義、20年代早期不受約束的通貨膨脹、政府控制的經濟和恐怖的納粹政權，都是按照歷史學派的鼓吹者的教導行動的政客的成就。

與德國菁英相反的是，米塞斯定義的「和諧論者」，即古典經濟學家以及追隨他們的古典自由主義者。

1949年，米塞斯在集大成之作《人的行為》(*Human Action*)特別論述了人類的「和平之路」。

他寫道：「自由主義的目的，在於建立一個保障社會合作順利運行和社會關係不斷強化的制度。它的主要目標是要避免武力衝突、避免使社會解體，把人民拋回到原始野蠻狀態的戰爭與革命。」

米塞斯所表達的自由主義包含兩層意思：一是民主政治，二是自由貿易。二者皆可抑制戰爭。

民主政治解決的是前文政權合法性的問題，使個人、政府與國家「三位一體」，化解了維護政權合法性之戰爭的風險，以及民眾淪為炮灰的風險。「它提出一個方法，使政府得以適應大多數的意志而和平調整。」

自由貿易對戰爭的抑制是顯而易見的。自由貿易帶來的財富增量及流通可抑制戰爭，而集權壟斷、國家主義製造的權力與財富集中往往是戰爭的泉源。我們很難想像，如果沒有全球

化自由貿易，當今世界各大洲的人類不期而遇，會爆發怎樣的衝突。

例如，嫉妒之心，人生而有之。在農耕時代，嫉妒、仇富之心為何不可調和？國王、貴族與地主壟斷權力及土地，世代承襲，社會積蓄著「對抗地主」之怒火。在自由貿易體系中，交易促使財富流通，他人越富，購買力越強，自己越可能富有。前者嫉妒、仇富，後者相互幫襯。自由貿易抑制了從嫉妒、仇視、衝突到戰爭的演變路徑。

自由貿易是自發秩序，全球化是個人與個人之間的全球化。貿易互利及個人利益深度滲透，大大增加了戰爭成本。米塞斯認為，一旦了解到奴役敵人比殺死敵人更有利，那就意味著「已想到了戰後的和平」。

「奴役，就大體上講，可以說是走向合作的預備步驟。」從戰爭到奴役，從殖民戰爭到商品輸出，從殖民地到自由貿易區，人類一步步走向了和平。這個過程既有血腥爭鬥，也受經濟規律支配，即戰爭的成本遠遠大於貿易的交易費用。

缺乏自由貿易基礎的談判、和平條約及國家同盟是不可靠的，缺乏個人貿易、深度合作而只靠國家貿易的國際關係是脆弱的。如朝美沒有經貿基礎，二者的談判與協議易受個人意志與權力更迭而改變，朝韓關係亦反覆。

再看二戰前，「最有侵略性的國家俄國、義大利和日本，都不是資本的輸出國」，德國的戰爭驅動力來自國家主義與民族主

起伏：風險與化解

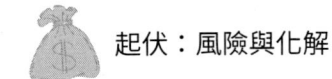

義,「沒有對外投資的自由,只好訴之於戰爭」。

所以,民主政治和自由貿易對戰爭的抑制,都源於與個人意志相對立的多數人的秩序。民主政治和自由貿易之下,同樣會爆發衝突與戰爭。因為交易費用的存在,當交易費用高到一定程度時,兩國間便可能爆發戰爭。

一個君王統治的國家,比多數人統治的民主政體的國家更易爆發戰爭;兩個沒有任何貿易關係的國家,比兩個有深度貿易合作關係的國家更易爆發戰爭;一個國家主義的國家比自由主義的國家更易爆發戰爭。

反過來看,任何阻礙自由貿易、增加交易成本的行為,都是在替潛在的戰爭增加燃料。米塞斯警告說:「干涉主義孕育出國家主義,經濟國家主義孕育出黷武精神。」

二戰期間,歐美國家的經濟軍事化、國有化,政府權力獲得空前擴張。二戰後,保衛英國的功勳人物邱吉爾(Winston Churchill)居然在競選首相時落敗。富有自由主義精神的英國人,選擇拋棄這位政治強人,回歸個人與生活。

邱吉爾只能無奈地說:「我的戰爭正是為了捍衛人民擁有罷免我的權利。這就是我維護的民主。」

二戰後,民主制度解決了在戰爭中強化的國家主義,這是歷史的進步。1970年代歐美爆發滯脹危機,美國放鬆了經濟管制,英國將全部國有企業私有化,自由主義崛起。

二戰後的半個世紀裡，核子武器的「恐怖平衡」和經濟全球化替世界帶來前所未有的和平，歐洲各國摒棄仇恨，讓渡主權，走向一體化。

然而，這一和平與美好的全球化背後是畸形失衡的經濟結構。

人為因素及國家制度製造了市場失靈、財富失衡與金融危機。

例如，人為壟斷的主權貨幣及貨幣氾濫，推高資產泡沫，同時有效需求不足。又如，資本在全球自由逐利，而國家制度卻阻礙勞動力流通，導致資本與勞動的收益日益擴大。再如，低廉的資本利得稅和苛刻的所得稅，進一步擴大了貧富差距。

《大債危機》（*Principles for Navigating Big Debt Crises*）一書曾提到，人為因素及國家制度導致的全球化失衡，導致富人通膨、窮人通縮，由此造成世界經濟衰退、動盪、蕭條，長期形成「低通膨、低成長、低利率、高泡沫、高債務」之局面。

世界似乎又回到當年馬克思（Karl Marx）提出的問題，正如大蕭條所面臨的困境——國家制度撕裂全球化——通縮（窮人越窮）——財政及貨幣擴張——通膨（富人越富）。

國家一次次地拯救危機，一次次地強化國家主義——財政、貨幣、貿易及大型企業的控制權，一次次地破壞自由市場及經濟全球化；政治力量正在使用皮古的方法，印刷貨幣以購買選票與人心，進一步將債務泡沫推向深淵，民粹主義、民族主義、反自由主義波濤洶湧……

起伏：風險與化解

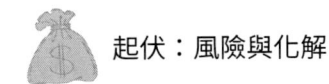

有人說，不能將國家問題、政治問題簡單化、經濟化。國家與政治問題並不複雜，刻意將其複雜化、模糊化，這不正是歷史學派當年做過的事情嗎？如果沒有充分的自由的深入的全球化合作，就連民主政治都可能選舉出希特勒。

自由市場衰落，經濟全球化倒退，人類將離和平越來越遠……

■ 參考文獻

(1) 劉永軍，原始戰爭與華夏國家起源[D]，2004.

(2) 弗里德里希·恩格斯，家庭、私有制與國家起源[M]，2018.

(3) 雷蒙·阿隆，和平與戰爭[M]，朱孔彥譯，2013.

(4) 凱因斯．和約的經濟後果[M]，張軍，賈曉屹譯，2008.

(5) 路德維希·馮·米塞斯，米塞斯回憶錄[M]，黃華僑譯，2015.

(6) 路德維希·馮·米塞斯，人的行為[M]，夏道平譯，2015.

歷史觀

　　歷史，如明鏡，可自省，可鑑世。讀史，有清風拂面、豁然開朗之感。

　　而經濟學視角下的歷史，就猶如一條曲幽小徑，綠意盎然，趣味叢生。以經濟學邏輯探尋歷史，有時能從另一維度給予文化史、社會史、政治史映照、解讀。

歷史觀

致敬保羅・沃克：半世風雲，一蓑煙雨

1982年2月1日，星期一，下午2點，聯準會主席保羅・沃克坐在辦公室，眼睛盯著桌上放置的那盒50美元的帕特加斯雪茄若有所思。

再過半小時，當年首次聯邦公開市場委員會會議就要開始了。身為聯準會主席，沃克必須理清思緒，在會上說服委員提高利率。

自從1981年12月以來，貨幣供應量大增15%，這讓聯準會委員會大為吃驚，沃克也深感困擾。上任2年多來，沃克不但沒有把通膨壓下去，還導致經濟深度衰退。此時的沃克和聯準會，可謂命懸一線。

二樓會議室，委員們悉數到場，都坐在一張花心木和黑色花崗岩製成的巨大橢圓形辦公桌前，沃克最後一個進來。

與往常會議不同的是，這次委員們沒有怎麼爭論，發言也不多，會議中途甚至沉默了很長一段時間。大家都在等待沃克的表態。這種沉默著實讓人感到壓抑、恐慌。

最後，明尼亞波利斯聯邦儲備銀行行長傑拉德・科里根（Gerald Corrigan）打破了沉默，並表態：「國會和白宮似乎都表達了當前需要調整貨幣政策的信號……但我認為這樣做的風險在於，聯準會的信譽會受到更大打擊。這會給外界一種印象，

聯準會又在壓力面前卑躬屈膝了——每個人都會說：『他們過去總是屈從，而且未來仍會屈從』。」

沃克緊接著說：「我們不能為了提高信譽而提高信譽……要是誰能說服我——讓我放棄現在的決定，並告訴我做出改變是對的——我就會接受建議。」

最終，委員們投票決定在1982年第一季「不再增加貨幣供應」，並將聯邦基金利率提高到14%。

漫長的會議剛結束，安保人員就過來通知委員們暫時不要離開議事大廳，因為大樓的門被人用曳引機堵住了。一群來自俄亥俄州的農民開著曳引機到聯準會門前抗議示威，要求沃克下臺，撤銷聯準會。

事實上，這種言論沃克幾乎每天都能在報紙上看到。畢竟這個時期，美國正在經歷大蕭條以來最糟糕的時刻，經濟深度衰退6個月，失業率飆升至8.6%，大量工廠倒閉，大量工人農民失業。

導致這一局面的出現，身為聯準會主席的沃克責無旁貸。

不僅農民，一些議員、經濟學家、華爾街大老、記者、工人都對沃克咬牙切齒。眾議員亨利·岡薩雷斯（Henry Gonzalez）威脅要彈劾沃克：「突破良心底線，讓高利貸行為合法化。」

雷根對沃克持續提高利率也頗為不滿，這將在相當程度上

歷史觀

影響他連任。

雷根經濟政策協調委員會此前還起草了一份報告，建議撤銷聯準會。報告成員包括大名鼎鼎的經濟學家舒茲（Theodore Schultz）、傅利曼，眾議員肯普（Jack Kemp），花旗銀行董事長里斯頓（Walter Wriston），以及後來的聯準會主席葛林斯潘。傅利曼多次公開表態，用一臺電腦代替聯準會。

民主黨參議員勞頓‧奇利斯（Lawton Chiles）在國會上當著沃克的面直截了當地說：「我們將不得不把聯準會理事會整個取消……與削減赤字相比，將聯準會體系斬首是很容易的事情。」

沃克極力爭辯：「對聯準會實施斬首就好比射殺信使，對任何人都沒有任何好處……沒有了頭腦的聯準會只能四處亂撞，而你們原來的問題卻一點也沒有得到解決。」

每個人都大笑不止，除了沃克自己。

這就是當時沃克所面臨的情形。

但今日，世界對沃克的評價不再是當年的「那個該死的瘋子」、「賭徒」，而是「美國的英雄」、「金融巨人」。曾經的批判者、凱因斯主義者羅伯特‧索洛（Robert Solow）稱他是「美國歷史上最偉大的聯準會主席」。葛林斯潘稱讚他是「過去20年美國經濟活力之父」。

抗擊通膨，掌控好「貨幣的閘門」，不僅需要智慧，更需要正義良知以及「與世界為敵」的勇氣。沃克就是當年那個「與世

界為敵」的巨人。那些讚譽之詞，反而容易掩蓋了這位90多歲高齡的老人，在漫長的聯儲生涯及公職事業上所經歷的孤獨、無助與悲傷。

沃克，這位身高超過200公分、下巴寬鬆的「六朝元老」，先後被6位總統──3位民主黨人，3位共和黨人委以重任；一生歷經布列敦森林制度和美元危機、1970年代滯脹危機、2008年金融危機3次危機。每一次危機，他都勇於說「不」：對金本位說不，對通膨說不，對金融投機說不。

當年，沃克親手關閉黃金兌換窗口，終結金本位，將無錨貨幣放虎歸山，推動人類經濟進入浮動匯率時代；10年後，他又化身為孤膽英雄生擒通膨猛虎。

沃克剛正勇猛，留下一句句振聾發聵的警句，「一點點通膨也是危險的」，「銀行唯一有用的革新就是發明了自動提款機」。閱讀一人，如讀一史。

01 大衛營會議

1971年，美元，風雨飄搖。

8月15日，星期日，午夜12點，沃克在安德魯斯空軍基地登上了一架早已在跑道上等候的改裝軍用運輸機。沃克在巨型運輸機的機艙裡，頭腦還在回憶週末那場疾風驟雨式會議的一幕幕場景。

歷史觀

沃克有些不敢相信，在這場高度機密的會議中，總統尼克森、聯準會主席伯恩斯（Arthur F. Burns）、財政部長康納利、勞工部長舒茲（George Shultz）和自己5個人，剛剛做出了一個改變美國國運以及世界格局的決策。甚至這事連國務卿都一無所知。

更讓他感覺忐忑不安的是，這一決策的技術方案是他提供的，而他不能確定接下來會發生什麼，歐洲各國會有什麼反應。他唯一確定的是，一場全球性的經濟惡戰即將開打。

沃克一直因沒能參加二戰、保衛國家感到遺憾，一直渴望一份公職能夠為國效力，如今他如願以償──他正在財政部副部長的位置上，就像二戰時期的巴頓（George S. Patton）將軍一樣，坐在飛往歐洲的軍用運輸機上，正式開啟與歐洲財政部長們的作戰征程。

此時的沃克還不是聯準會主席，也不是曾經的大通曼哈頓銀行的遠景規劃總監。早在一年多前，即1969年1月20日，他入主了白宮財政部二樓拐角辦公室，被總統任命為主管貨幣事務的財政部副部長。這是一份他夢寐以求的公職。

沃克站在窗前，望著賓夕法尼亞大道上慶祝新總統尼克森就職的車隊緩緩前行。此時，他腦中閃現的是父親的誡勉之言：公職意味著神聖的信任。沃克試圖沿著父親的腳步，把美國從岌岌可危的金融漩渦中挽救出來。

此時，布列敦森林制度搖搖欲墜，正在朝著特里芬（Robert

Triffin）教授在 9 年前所說的「特里芬難題」奔去。美元貶值壓力越來越大，美國國庫中大量黃金被兌換走。作為一名布列敦森林制度的擁護者，沃克明白黃金意味著什麼，美元穩定代表著國家信用。他深刻地記得那些「責任之詞」：

「維護價格穩定是社會契約的應有之義。我們給政府印鈔的權利，是因為我們相信經選舉出來的官員不會濫用職權，不會過度發行美元使之貶值，會讓美元與黃金等價。如果我們不信守諾言，就破壞了他人對美國的信任，而信任是一切中的一切。」

就任次日，國務卿季辛吉（Henry Kissinger）就向他發來了一封奇怪的賀信，名稱叫《第 7 號國家安全備忘錄》，頁首頁尾都打著「祕密」字樣。上面寫著：「總統已經指示成立一個永久性的工作小組，你被任命為該小組組長，必須在 2 月 15 日之前向國家安全委員會提交關於美國國際貨幣政策以及實施的報告。」

收到這封「賀信」，沃克感覺不快，因為他覺得貨幣事務應該向財政部長直接彙報，而不是主管國家安全事務的季辛吉。不過，他很快明白了，此時美元即國際事務，也是國家安全。

沃克記得，早在甘迺迪（John F. Kennedy）政府時期，歐洲國家就指責美國國際收支失衡，要求美元貶值。甘迺迪則以削減軍費加以回應，「如果歐洲不承諾停止攻擊美元的國際地位，美國就將削減對歐洲的軍事援助」。在美國看來，削減對歐援

歷史觀

助，美國隨時都能夠平衡國際收支。

當年輸向歐洲的「電星號」衛星訊號突然中止，《紐約時報》就發出警告之言：「正好給歐洲人一點時間思考一下：他們是需要美國的槍枝和美元，還是都不需要。」

但是，作為一名技術官僚，沃克非常明白，靠金融外交家的嘴皮子是打不贏這場硬仗的。擅長統計和資料分析的他最清楚美國國庫還有多少黃金，還能撐多久，貶值到多少才能度過難關。

雖然沃克不想讓美元貶值，但是父親辦公室銘牌上的一句華盛頓語錄——「不要聽任你的善良本性」，一直告誡著他，解決問題比固守理論和善意更重要。1965 年，法國總統戴高樂（Charles de Gaulle）將法國存放於紐聯曼哈頓下城總部大樓地下室金庫價值 4 億美元的黃金，轉運回了巴黎的法蘭西銀行。當時，美國財政部只剩下不到 20 億美元的黃金，不到美國對外償付義務的 15%。

就在一年前，在大通銀行的辦公室，沃克眼看著投機商大肆地攻擊美元，雖然自 1960 年 10 月開始此情此景他已經歷過無數次，但這次凶猛的攻擊導致整個系統陷於癱瘓。當「每盎司黃金 35 美元的神聖價位」被大幅度突破時，他想起了甘迺迪捍衛美元的國家誓言，使勁地做著吞嚥的動作，試圖抑制住眼眶裡的淚水。此時，他就已經明白，美元已經守不住了。

如今，當決定美元命運的大權交到了他手上時，沃克很擔

心自己將葬送這個國家的信用。

1969年6月26日，星期四，白宮內閣室，國務卿、國家安全顧問、聯準會主席、總統經濟顧問、財政部長悉數到場，沃克站在總統面前負責彙報過去5個月的工作情況。

尼克森總統擅長外交、政治，對金融可謂一竅不通，他甚至認為「美元問題是不費吹灰之力就可以輕鬆搞定的」。沃克了解總統不會事先閱讀已提交的那份長達48頁的《國際貨幣事務基本選擇》備忘錄。

為了讓這位新總統能夠盡快理解問題的嚴重性，沃克命人製作了一張黃金官價漲勢圖。圖上顯示，當時黃金官價已經從35美元翻倍漲到了70美元。如此具體的視覺衝擊，讓尼克森立即有一種緊迫感。

緊接著，沃克提出了一個應急方案：中止美元兌換黃金。他說：「中止兌換的主要目的和潛在的好處是，阻止我們黃金儲備的流失⋯⋯增強我們的談判優勢⋯⋯迫使外國要麼被動持有美元，要麼讓本國貨幣逐步升值。」沃克認為，只要美元還能保持合理的價格，外國人願意持有美元。美元本位可以取代黃金本位，只要美國能履行自己的義務。

最後，沃克將美元問題提升到尼克森感興趣的外交實力上，他把這項工作說成是確保「美元作為居於世界領導地位的儲備和交易貨幣的關鍵地位」。

歷史觀

尼克森聽完默契地向叼著菸斗的伯恩斯眨了眨眼睛。伯恩斯是一位老教授，曾是艾森豪（Dwight D. Eisenhower）總統的經濟顧問主席，現任尼克森的經濟顧問，後接任了馬丁（William McChesney Martin）的聯準會主席一職，尼克森對他信任有加，經濟大事必問伯恩斯。

不過，伯恩斯是布列敦森林制度的擁護者，無論如何也不會同意沃克的方案。他清了清嗓子帶著教授的口吻告誡：「不管我們做什麼，都不要有浮動匯率的浪漫想法。太多歷史教訓告訴我們，匯率的波動……會導致國際政治動盪。」

聽完伯恩斯的發言，尼克森顯然有些舉棋不定，沒有當場表態，「很好，請及時告訴我，我們所處的形勢」，然後結束了會議。

當大家起身離開時，沃克貼近上司財政部長耳語道：「我猜我們的政策被預設同意了。」

但是，1969 年下半年發生了幾件令人難以置信的事情。一是阿姆斯壯登月；二是紐約大都會隊居然以 1% 的機率獲得了職業棒球大賽冠軍；三是黃金的價格在年底居然跌到了每盎司 34.9 美元。

但是，沃克很清楚這只是曇花一現，他在備忘錄裡寫下，美元危機即將在 6 個月之後到來。果不其然，沃克可謂神預測，正好 6 個月後，即 1971 年 5 月第一個星期，黃金價格突然快速飆升，電光石火間大幕正式拉開。

《紐約時報》1971 年 5 月 5 日的頭版文章寫道：「歐洲金融中心遭受了兩年來最猛烈的貨幣投機狂潮折磨。持有大量資金的公司、銀行及各方都把不需要的美元換成德國馬克……或其他堅挺的歐洲貨幣。」

這天早晨，德意志銀行在上一日購買 10 億美元的基礎上，再購買了 10 億美元，然後決定不再從事貨幣操作。瑞士、比利時、荷蘭和奧地利央行馬上跟進，關閉了本國的外匯市場。一些在歐洲的美國遊客頗為尷尬，他們無法在日內瓦的洲際酒店支付帳單，因為酒店拒收美元，而這酒店又是美國人開的。

此時，沃克正在財政部二樓辦公室裡，焦躁不安地來回走動。他的辦公桌上擺滿了顯示危機升級消息的各種電訊。可能過於緊張的緣故，他頻頻內急，上洗手間的頻率達到令人擔憂的程度。沃克最欣賞的一位律師的辦公室正巧在他樓下，他多次對沃克說，我總能根據上面廁所沖水的頻率來預判危機是否到了緊要關頭。

5 月的第二個星期，有 4 億美元的黃金從美國流出，美國的黃金儲備已經達到了自二戰以來的最低點。

黃金告急，沃克已經意識到布列敦森林制度時日不多，為了保衛美元，總統必須盡快行動、果斷決策。於是，他起草了一份政策要點手冊。為了防止洩密，他假裝做了三份計畫，A 部分是包含大量虛假消息的假計畫；C 部分是真正的計畫，標有 12 個模組，開頭便是「中止黃金兌換」，還包括「國際收支控

歷史觀

制」等；B計畫故意省略，以迷惑敵方。

沃克的上司負責催促尼克森盡快決斷。此時的財政部長是約翰・康納利，他曾經是甘迺迪總統時期的海軍部長，對財政金融知之甚少。他上任之後，把專業性的貨幣事務都交給了沃克來處理。不過，康納利是一位非常出色的政治表演家，他長袖善舞，擅長外交辭令、捕捉人心。康納利憑藉非凡的表現力說服了尼克森採取行動。

8月12日，星期四的早晨，從法蘭克福、倫敦、東京和米蘭傳來報告，投機商已迫使德國馬克兌換美元升至20多年來最高位。

沃克感到一絲絕望，立即向總統彙報。同時，他打電話告知尚在德州農場度假的康納利財政部長，著急地說：「我覺得您最好盡快趕回來。」

當天下午，尼克森找來舒茲說：「我們還沒完全準備好。為了讓每個人都做好準備，我們必須去趟大衛營。決策由你、康納利、伯恩斯和我來下達。我們知道康納利可能會帶上沃克⋯⋯但我對沃克不那麼有信心。」

所幸的是，當天下午5點30分，康納利下了飛機直奔白宮，在老行政樓與總統、舒茲碰頭。康納利的意思是，應該聽聽沃克的意見，畢竟他是專業的。尼克森說：「沃克認為我們應犧牲國內經濟來拯救美元，但我不想這麼做。」

康納利聽聞此言立即解釋說:「哦,我不是這麼認為的,我肯定沃克也不是這麼想的……」

尼克森打斷了康納利,用清晰、權威的聲調說:「我們應該立即實施一整套方案,下週一即宣布。我們明天下午去大衛營討論。為確保安全保密,參加的人越少越好,我們3個參加,當然,確保麥克拉肯(McCracken)、阿瑟必須參加。」

尼克森頓了一下,然後來了一個單腳著地的漂亮轉身,「約翰,你帶上沃克。」

這個漂亮轉身,改變了沃克一生。

8月13日,星期五下午,總統休假寓所馬里蘭州凱托克廷山的大衛營,總統安排好了會議的每一個細節,就連會後合影環節都有詳細的指南。極度注重細節的尼克森明白,他們正在醞釀一場歷史鉅變。

會議持續了3天,會上的爭論異常激烈,總統就像裁判在聽在問。其中最為精采的是,沃克和康納利聯手,與伯恩斯就中止兌換黃金進行論戰。

此時,伯恩斯被任命為聯準會主席,但他還是堅持原來的觀點。伯恩斯直截了當地說:

「關閉黃金兌換窗口,沃克和康納利可能覺得他們在做正確的事,但我覺得他們錯了。我們正在採取激進的步驟……關閉黃金兌換窗口存在龐大風險。首先是政治風險……蘇聯的《真理

歷史觀

報》已經用頭條報導說這象徵著資本主義的垮臺。其次是經濟風險……世界貿易將受到打擊。外國出口商將施壓本國政府採取行動……」

康納利插話說：「也就是說，別的國家不喜歡，那又怎麼樣呢……我們總不能為了取悅他們而眼看著自己走向破產吧。」

伯恩斯反駁道：「他們會報復我們的。」

緊張的氣氛讓沃克感到有些局促不安，他用溫柔的語氣說道：「我也反感這麼做。迄今為止，我畢生都在捍衛布列敦森林制度，但是我覺得調整是必要的……我們這樣難以持續下去。我們關閉黃金兌換窗口之後，並非坐視不管。我們需要與外國談判，形成新的匯率機制，修補這個有問題的體系，現在是一個機會。」

麥克拉肯出來打圓場：「關閉黃金兌換窗口，公眾的反應肯定是負面的。但從另一方面來看，人們也會把這當作凍結薪資和物價這一強硬措施的組成部分。」

或許尼克森並未如沃克那樣深刻地意識到關閉黃金兌換窗口的重要性，但他非常清楚地了解到，他必須有所行動，而且是要打一整套組合拳，絕對不是被動、被迫行事。在這次會議上，他答應了包括關閉黃金兌換、提高 10% 進口關稅、管控物價、干預勞資談判在內的一連串組合政策。

會場上，除了康納利，沒有人完全同意同時推出一整套組合。

後來的歷史證明，管控物價和干預勞資談判都是昏招，而

提高 10% 的進口關稅最後成為外匯談判的重要策略。

大衛營會議整整開了 3 天，8 月 15 日晚上會議結束。尼克森總統在當晚對全國發表了長達 20 分鐘的講話，提出「新經濟政策」，向全球宣布美元與黃金脫鉤，關閉美元兌換窗口。

8 月 16 日，星期一，紐約交易所股票大跌 3%，外匯市場一片混亂。在倫敦，早晨希爾頓酒店按 2.6 美元兌 1 英鎊，每個人的兌換上限為 50 美元，到了晚上卻變成了 2.8 美元兌 1 英鎊。在米蘭，來自紐約的一對夫婦發現，在這裡 1 美元連 1 支甜筒冰淇淋都買不到，幸好他們手上還有足夠支付回家費用的外幣。

此時，沃克已經在歐洲，穿梭於各大金融中心，向各方解釋美國的政策立場。巴黎的報紙，將一張沃克與法國財政部長德斯坦（Valéry Giscard d'Estaing）並肩而立的照片放在頭版。沃克在巴黎著名的克里雍大飯店獲得皇家禮遇，飯店為他預留了戴高樂曾經住過的房間。《紐約時報》駐巴黎記者將沃克稱為「總統的貨幣特使」。

這是沃克公職生涯中第一個巔峰時刻。這次歐洲征程，也促使沃克從一位純技術官僚向金融外交家轉型。

向歐洲各國解釋完政策後，11 月 29 日的十國集團財政部長會議才是真正的交鋒之戰。十國集團採取輪值主席制，當時康納利正好是本次會議的主席。各國財政部長和央行行長依次坐在華麗的長方桌前。沃克作為美國首席代表，緊接著坐在康納利右側。

歷史觀

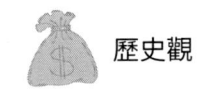

　　這次會議上，康納利盡情地發揮了他作為一名傑出金融外交家的才華。他時而誇讚本次會議場所——羅馬科西尼宮在西方文明中價值不菲，時而督促在座各位為建構一個全新的國際合作體系而熱情奮進。在煙幕彈放得差不多時，康納利示意沃克可以丟擲問題了。

　　沃克放下雪茄一字一句地說：「好吧，不妨假設，只是假設，我們願意討論動一動黃金的價格，如果我們把金價提高10%或15%，你們會怎麼做？」

　　康納利打斷了他：「好，問題提出來了。讓我們先假定10%。你們怎麼回應？」

　　沃克故意把幅度說大一些，這樣談判有迴旋餘地，他清楚法國最多只接受美元對法郎貶值5%～6%。不過，這時沃克希望讓談判老手康納利來主導。

　　接下來的一個小時，會場沒有人說話。各國央行行長都在默默地抽菸，沃克也抽起了他那10美分的雪茄。財政部長們眼睛盯著腳上的鞋子看，抑或是欣賞房間牆上的古羅馬名畫。

　　突然，德國財政部長卡爾‧席勒（Karl Schiller）率先打破了冷場，他清了清嗓子表態，德國可以承受美元貶值10%，「再貶值若干百分點也可以」。

　　事實上，德國央行曾向聯準會承諾過，只要美國繼續為歐洲提供防衛，避免德國遭到蘇聯的入侵或滲透，德國確保不會

向美國財政部兌換黃金。

接著其他國家紛紛表態可以接受美元適當貶值,唯有法國財政部長德斯坦保持沉默。因為他清楚,下週法國總統龐畢度(Georges Pompidou)和尼克森將會晤,那時才是談判最終決斷時刻。

在這次會議上,康納利說出了那句高傲的名言:「美元是我們的貨幣,但卻是你們的難題。」

不過,法國顯然對此表示不滿。兩國總統會晤時,在金融方面在行的龐畢度丟擲堅決「埋葬」美元作為儲備貨幣的觀點。尼克森不懂經濟但擅長政治,他利用1972年2月訪華計畫、5月莫斯科之行向對方施壓。經過兩天的討價還價,尼克森用取消進口附加稅作為交換,法國同意將法郎對美元升值8%。

12月18日,在康納利精心安排下,各國在史密森尼學會古堡的公共會議室裡簽署了著名的《史密松寧協定》。該協定規定,每盎司黃金官價從35美元提高至38美元,美元對各國貨幣貶值;黃金繼續凍結。

《史密松寧協定》象徵著布列敦森林制度正式解體。沃克親手埋葬了他一直堅持的固定匯率體系,將人類歷史推進到浮動匯率和無錨貨幣時代。

在閉幕會上,尼克森突然出現,將慶祝氣氛推向高潮。他稱讚《史密松寧協定》開創了國際金融的新時代:「我代表十國

歷史觀

集團財政部長和央行行長，非常榮幸地宣布，世界歷史上最重大的貨幣協定成功誕生了。」

沃克站在總統旁邊心想：「我真希望它能挺上 3 個月。」因為沃克透過計算得出，美元至少貶值 15％ 這個體系才能維持運轉。

1972 年 2 月 4 日，《史密松寧協定》簽署才一個半月，在自由市場上黃金價格已經突破了每盎司 50 美元，漲幅達 15％。此時，一份來自法國總統龐畢度致尼克森的抗議信被送到沃克面前徵求意見。

事實上，美元持續貶值還有一個重要原因是聯準會主席伯恩斯實施了糟糕的寬鬆政策。尼克森為了能夠連任，給予伯恩斯明示：「我不希望太快告別首都華盛頓。」就在《史密松寧協定》簽訂前夕，伯恩斯答覆總統：「請您知悉，我們今天將降低貼現率。」

此後兩年時間，沃克一邊跟聯準會較勁，一邊頻繁地飛往歐洲及日本一次又一次地談判。1972 年 6 月 22 日，星期四，沃克在眾議院銀行和貨幣委員會作證時，出乎意料地提出了浮動匯率方案。

1973 年 2 月 7 日至 11 日，沃克在短短 4 天時間飛行了 5 萬公里，從華盛頓飛到東京、巴黎、倫敦、波昂等，與各國財政部長談判，完成了所謂的環球之旅。2 月 12 日，星期一，新任財政部長舒茲（康納利此前已辭職）宣布美元對黃金貶值 10％，

即每盎司黃金官價從原本的 38 美元提到 42.22 美元。但在自由市場中，金價已經漲到了 68.95 美元。

3月，在巴黎的一次會後，一向主張固定匯率的聯準會主席伯恩斯私底下批評舒茲和沃克把匯率市場搞砸了。沃克有些不滿，轉過頭對著這位聯準會主席說：「阿瑟（伯恩斯），如果你希望有一個平價（固定匯率）體系，你最好馬上打道回府去緊縮美國貨幣。」

在當天美國駐巴黎使館舉行的記者會上，舒茲公布了一項新計畫，即德國、法國等主要歐洲國家貨幣聯合起來對美國浮動。這顯然是歐元的公測。一位記者問舒茲：「財政部長先生，這對美國的貨幣政策意味著什麼？」

舒茲考慮到這一問題應該由聯準會回答，於是把麥克風交給了伯恩斯。伯恩斯狡猾地說：「美國的貨幣政策不是在巴黎制定的，而是在華盛頓。」

媒體對伯恩斯教科書般的外交辭令大加讚賞，但沃克卻感到十分失望。

他認為，「我們處在美國經濟歷史的轉捩點。美國的通膨正在上升，國際貨幣體系也將風雨飄搖。伯恩斯拒絕在制定國內貨幣政策時考慮國際因素，這是不對的。我們忽視了美國作為國際交換媒介託管人的責任。這份責任與我們在國內控制貨幣發行和信貸擴張的職責是一致的。我敢說，按照『華盛頓製造』的閉門思路去制定貨幣政策，是一個錯誤的決定」。

歷史觀

今天這句話依然振聾發聵。美元浪潮衝擊全球市場，法定貨幣作為國際貨幣，不考慮國際因素，這顯然是一種只顧自家紙醉金迷，不管別人洪水滔天的行為。

1974年4月8日，星期一，在舒茲宣布辭去財政部長職務3個星期後，沃克卻辭去了財政部副部長一職。當時，美國受第一次石油危機衝擊，已經陷入了典型的高通膨、高失業、低成長滯脹危機。尼克森「水門事件」持續發酵，尼克森政府、美元以及全球金融體系搖搖欲墜。

沃克深知，要拯救美國，必須解決美元危機；但除了聯準會，任何人都無法挽救美元。

02 溫柔的巨人

沃克辭職的消息一傳出，曾任美國財政部長的亨利·福勒（Henry H. Fowler）就拉他進高盛一起做合夥人。恩師羅伯特·魯薩（Robert Roosa）則要他去投資銀行布朗兄弟哈里曼公司擔任合夥人。

沃克還收到美國著名獵頭公司羅素·雷諾茲（Russell Reynolds Associates）的邀請函，建議他考慮接受一個頂級投資銀行的職位，年薪超過百萬美元，終生向他供應古巴雪茄（當然，當時美國禁運古巴雪茄）。100萬美元在當時是什麼概念，全美職業棒球收入最高的選手也不過才75萬年薪。

沃克一直在猶豫，他渴望獲得一份收入不錯的工作，但更希望留在公職效力。正當他舉棋不定時，聯準會主席伯恩斯伸出了橄欖枝，邀請他在自己公寓共享晚餐。

伯恩斯開門見山地說：「我需要你跟我一起在聯邦公開市場委員會效力。」

「我感到受寵若驚，阿瑟（伯恩斯），但我必須賺點錢。芭芭拉（沃克妻子，Barbara Bahnson）剛被診斷出風溼性關節炎，我家裡還有身患殘疾的兒子吉米，哎，天知道他將來該怎麼辦。」

「我們付給你的薪資養家餬口不成問題。紐聯儲行長的收入是我薪資的兩倍。」

「我知道，可是……」

「海斯現在的年收入是9.5萬美元，你也知道我對他的態度。我會讓他們從一開始就付給你這麼多。」

「你看，阿瑟，我已經在政府工作5年多了。我有點累了，現在該是求變的時候了。」

伯恩斯搖了搖頭，非常確定地跟沃克說：「你是一塊做公職工作的料，保羅（沃克），千萬不要去別的地方。」

伯恩斯邀請他擔任紐聯儲行長一職，這讓沃克感到非常奇怪。畢竟，沃克擔任財政部副部長5年來，一直與伯恩斯意見相左；而且紐聯儲行長位高權重，對聯準會主席具有很大的威脅。或許，伯恩斯這位政治老手試圖拉攏沃克為己所用；抑或，

歷史觀

面對糟糕的通膨和疲弱的美元，伯恩斯已經疲憊不堪，他需要一個像沃克這樣的人頂在前面。

沃克沒有當場答應伯恩斯。他跟朋友去了加拿大釣鮭魚。兩個星期後，他在加油站旁邊的一個公用電話亭裡撥通了伯恩斯聯儲辦公室的電話。

沃克第一句話就是：「阿瑟先生，我可以接受這份工作。」

「好的，我就知道你會同意的……祝休假愉快。」

事實上，對沃克來說，紐聯儲行長這份工作，是一個他無法拒絕的誘惑。

1975 年 8 月 1 日，沃克就任紐聯儲行長，並成為聯邦公開市場委員會的常任委員，負責管理美國的信貸供應和利率水準。

從此，沃克開啟了艱難而輝煌的聯儲生涯。

1979 年 7 月 15 日，時任總統吉米・卡特（Jimmy Carter）發表了著名演講〈一蹶不振〉。

「總統先生，我們日子難熬。我們只想談血汗和淚水。」

卡特在演講中如此陳述民眾意見。卡特自然提到美元的問題，「從前，『像美元一樣可靠』曾是一句俗語，用於形容絕對信得過的物品；但情況在 10 年前就變了，通膨侵蝕了美元的價值，使我們的存款縮水了」。

〈一蹶不振〉演講結束 4 天之後，卡特要求整個內閣 13 名成員全部辭職，包括財政部長麥可・布盧門撒爾（W. Michael Blumenthal)。這是美國總統歷史上前所未有的高層「屠殺」。卡特內閣地震導致黃金在次日飆升至每盎司超過 300 美元，創下新紀錄。

清理完「不聽話」的團隊成員，卡特急於招兵買馬，首先他找了此時的聯準會主席威廉・米勒（G. William Miller）來擔任財政部長。

如此一來，他也需要立即找一個聯準會主席人選。身邊的財政部副部長安東尼・所羅門（Anthony M. Solomon）向總統推薦沃克。當時卡特總統一時間沒有反應過來，問道：「保羅・沃克是誰？」

1979 年 7 月 24 日，沃克受邀到白宮會見卡特總統。卡特坐在一把搖椅上，沃克坐在總統旁邊，憤憤不平地說：「我非常重視聯準會的獨立性，並且要採取緊縮政策。」為了強調這一點，他還指了指旁邊的米勒說：「我希望我實行比米勒更嚴格的政策。」

在一個小時的會面當中，大部分的時間都是沃克在講，卡特一句話也沒說，只是認真地聽。離開白宮時，沃克為自己的魯莽感到非常氣餒，他當天晚上就乘坐班機飛回了紐約。一下飛機，他找了兩位老友傾訴：「唉，我弄砸了。他永遠不會把這個職位給我。」

不過，沃克也自我安慰道：「這樣也許最好。要是真當上聯準會主席，我的薪資就要降一半，我都不知道該如何面對……

歷史觀

也不知道自己是否有權向家人說要犧牲那筆錢。」

其中一位老友跟他說:「如果總統要你做,你是無法拒絕的。芭芭拉怎麼說?」

「跟你說的一樣。」沃克衝著對方點了點頭。

第二天上午 7 點 30 分,一陣急促的電話鈴聲把沃克吵醒了,是白宮打來的。電話那頭,總統先生祝賀他成為新任聯準會主席。

卡特為什麼選擇沃克,至今也是個謎。卡特的回憶錄《忠於信仰》(Keeping Faith)對這一「代表性措施」居然一字未提。只是從〈一蹶不振〉中可以看出,他在任的日子裡一直渴望「美元的聲音」更加非同凡響。

1979 年,第二次石油危機爆發,通膨「老虎」以驚人的速度往上竄,卡特總統忙於價格及薪資管制,並呼籲民眾減少石油消費,降低消費預期。然而,這些在尼克森時代就已經證明失效的措施只會火上澆油。

在炒掉整個內閣後,卡特似乎想推倒重來,啟用沃克或許是一次冒險的賭博,但也是無奈之舉。

1979 年 8 月 6 日,在里昂・希金博瑟姆(Leon Higginbotham)大法官主持下,保羅・沃克左手放在芭芭拉手捧的《聖經》上,右手舉起,五指朝天莊嚴宣誓,卡特總統在一旁祈禱。

第二天,沃克坐在聯準會主席辦公室那張超大辦公桌後面,

看著桌上幾百份明信片、信件和電報。他猛吸了一口「擲彈兵」牌雪茄，煙霧讓他眼睛有些睜不開。雖然有人說這種雪茄有些「馬糞的味道」，但是薪水減半後他也只能抽這種廉價雪茄了。

他用手掃了掃煙霧，隨手拿起了幾份信件。這些信件來自全美各地，有老友寄來的，有陌生市民，有追隨者，還有經濟學家。有人表示祝賀，有人表示擔憂，有人傾訴通膨之苦，有人調侃他工作之難。

其中一個名叫道克·沃克的人寫道：「每天抽雪茄請別超過5支，即使你不在意自己的健康，也要考慮美元還得靠您撐著呢。」老友湯姆致信表達對沃克的支持：「我已致電我的經紀商要他賣出黃金，買入美元。」

沃克拆開了一封來自佛蒙特州的來信，潦草難辨的字跡寫了一頁，開頭便是：「親愛的保羅，我謹對您獲得『晉升』致以慰問之情。看到您就任聯準會主席，我為這個國家感到高興，但也對您注定要面臨的困境深表同情……」

落款居然是「親愛的米爾頓，1912年7月31日」。這一封信是經濟學家傅利曼寫的，落款的時間是他的生日，且為筆誤。

傅利曼在3年前獲得諾貝爾經濟學獎，是一個離經叛道的煽動分子。他一直對聯準會頗有非議，在著名的《美國貨幣史》中指出聯準會是大蕭條的罪魁禍首。傅利曼認為，如果當年傑出的紐聯儲行長班傑明·史壯在世的話，聯準會就不會在大蕭條中犯下通縮的致命錯誤。除了恩師伯恩斯之外，他對當時幾

歷史觀

屆聯準會主席都沒有好臉色。

聯準會主席這個位置,沃克為此努力了半輩子。他深刻地明白,只有這個位置才能挽救美元和美國於水火。如今,與當年中止黃金兌換一樣,這一次沃克掌握了美元的生殺大權。

但真正坐在聯準會主席這把椅子上時,沃克感受到了沉重的壓力和責任。他已不能隨便給人回信,但他還是向傅利曼回了一封信:

「親愛的米爾頓,我不知道自己是否注定只是艱難時局下的替罪羊……我在工作中對您主張約束貨幣發行的觀點並無反對……」

就在沃克上任一個星期後,沃克以主席身分召開了第一次聯邦公開市場委員會會議。為了這次會議,他在兩頁紙上寫滿了會議提要,並在頂端寫道:「這次會議比往常更具有象徵意義。」這是他上任後的第一道考驗。他並不急於出手,而是希望委員們與他保持一樣的政策理念。

有了這次鋪陳後,9月18日又召開了第二次聯邦公開市場委員會會議。會議通過了他提出的「小幅提高聯邦基金利率」政策。表決的結果是 8 票贊同,4 票反對。在 4 張反對票中,其中 3 個投票人認為緊縮的力度太小。

當天下午晚些時候,在這次會議結束後,沃克召集了聯儲 7 位理事成員召開了理事會。沃克準備「小試牛刀」,將貼現率提

升 0.5 個百分點，達到 11％ 的歷史最高值。結果，升息方案以 4：3 獲得通過。

從投票比例可以看出，聯準會內部並非鐵板一塊，甚至出現了相當嚴重的分歧。在聯邦公開市場委員會會議上，聖路易斯聯儲行行長勞倫斯·魯斯提出改變政策方向：

「呃，保羅（沃克）……我是不是有些不正常，但我還是想提出這個問題，可不可以再研究一下，我們把利率當作傳統貨幣政策目標是否適當？考慮到你已講了那麼多問題，再加上聯邦公開市場委員會在過去多年有那麼多失敗的不愉快經歷……可不可以換個思路？」

魯斯丟擲的問題，實際上象徵著聯準會的政策正在轉向新的領域。實際上，魯斯的論調一點都不新鮮。因為作為貨幣主義領袖，傅利曼隔三差五就會在媒體上批判聯準會的貨幣政策目標有問題，應該放棄利率目標，轉而盯住貨幣總量。

簡而言之，傅利曼認為，聯準會「吠錯了目標」。事實上，自 1976 年魯斯加入聯邦公開市場委員會後，就一直試圖敦促修改分析方法，轉向他支持的貨幣主義的道路。

沃克曾經多次拒絕傅利曼的建議，不過此時他正在認真地考慮魯斯的問題。他對魯斯說：「我覺得你問這個問題並沒有什麼不正常的……我們會在不久的將來再次研究這問題。我也有這個打算。」

歷史觀

　　這個不久的將來其實就是第二天。沃克命人起草一份徹底改革聯儲操作方法的大綱。一個星期後，他審閱了這份帶有機密字樣的 3 頁備忘錄。上面寫著：「聯邦公開市場委員會……將按照設定的貨幣目標，把基礎貨幣的增量規模控制在一定水準上，並以此控制銀行信貸的成長，這一操作方法可能導致貨幣市場的超短期利率發生寬幅震盪。」

　　長期以來，聯邦公開市場委員會以控制利率為目標，他們絕對無法忍受利率大幅震盪。但是，貨幣主義提出的總量目標並非沒有道理。在 1970 年代，資訊科技革命興起，商業銀行開始使用電腦和資訊管理，越來越多的人將錢存入銀行，商業銀行不斷地創造信用貨幣，這在一定程度上造成信貸氾濫，導致聯準會利率政策失效。傅利曼提出，控制貨幣總量，尤其是廣義貨幣，可謂抓住了新問題並切中其要害。

　　於是，沃克提拔了自己的老同事、技術型專家彼得・斯特萊恩特，由他來掌管紐聯儲交易室。斯特萊恩特的任務是在紐聯儲總部大樓的 8 樓靜悄悄地在政府債券市場上買賣證券來控制美元總量。

　　不過，沃克轉向盯住貨幣總量，並非出於貨幣主義的目的。

　　沃克實際上想採用混合策略，他欣賞經濟學大師保羅・薩繆森（Paul Samuelson）的一句話：「中央銀行家生來具備兩隻眼睛，一隻眼睛盯住貨幣供應量，另一隻盯住利率。」沃克不認為自己是一位貨幣主義者，他思想更傾向於理性預期學派，他試

圖向市場釋放一種穩定的預期,即聯準會在控制貨幣總量和利率以壓制通膨。

但是,聯邦公開市場委員會顯然比較難接受他的新方案。他花了很多時間跟委員們解釋,其中一位名叫亨利・沃利克的老對手告誡沃克:「如果放棄利率目標,讓其按照供求力量自主尋求平衡,那將會是一件令人遺憾的事情,而且還不得不達成浮士德式的交易,即向貨幣主義者出賣自己的靈魂。」

當時,沃克兩手一攤地答道:「有時候,你不得不與魔鬼做交易。」

然而,市場完全理解錯了沃克的意思,朝著與沃克的預期相反的方向走。投機商認為,聯準會要放棄利率目標,等於對通膨繳械投降。與魔鬼達成交易的後果極為可怕,1980 年 1 月 21 日,黃金價格達到歷史新高,每盎司 850 美元,這紀錄後來保持了差不多 30 年。當時,國際上爆發了伊朗人質危機,蘇聯入侵阿富汗,同時第二次石油危機將通膨率推到頂點。

無奈之下,沃克只能持續加碼,不斷提高聯邦基金利率。到 1980 年 4 月,聯邦基金利率達到歷史前所未有的 21%。5 月 6 日,年度通膨率已高達 15%。7 月 1 日市場貸款利率又大幅度下跌到了 12%。這 3 個月,利率、黃金都大幅度波動,美元對德國馬克匯率又跌去了 10%。

媒體對沃克的操作無不諷刺、嘲笑和謾罵。《紐約時報》社論說:「沃克是一個賭徒。他不自量力,明明缺一手好牌,卻押

歷史觀

注甚高。」哈佛大學加爾布雷斯（John Galbraith）教授發出警告：「不要錯誤地相信那些把決策建立在大量貨幣上的人。」

有意思的是，媒體甚至聯邦公開市場委員會的一些委員都稱呼沃克是：「頑固的貨幣主義者。」而傅利曼卻批評沃克沒有堅守貨幣主義的路線，將貨幣供應量隨意擴張。

沃克頗感無奈，但更糟糕的事還在後面。在大選前一個星期，即1980年10月2日，卡特總統公開炮轟沃克採取的是「僵化的貨幣主義方法」。要知道，在此之前卡特一直是沃克堅定的支持者。主要原因是，沃克在臨近大選6個星期內，還不斷地採取緊縮政策，聯邦基金利率從11%漲到了14%。

沃克這麼做唯一的好處就是，讓市場終於看到聯準會的獨立性，而非屈從於總統連任。但是，沃克不惜一切代價拯救美元，殺傷面過大。媒體用一戰時貝當（Philippe Pétain）元帥固守凡爾登，形容沃克的緊縮政策——堅守住了凡爾登要塞，代價是35萬人的傷亡。

1980年11月4日，卡特敗給了隆納·雷根，無緣連任。卡特將敗選責任歸咎於沃克。他回憶說，當初任命沃克為聯準會主席時，經濟顧問就警告過他。沒想到，沃克將利率提升到非常高的水準，導致經濟衰退，成為他尋求連任的負面因素。

11月19日，星期三，沃克懶散地靠坐在辦公室沙發上，點燃了一支固定在下午6點才吸的雪茄。這已是他一天內吸的第十一支了。在辦公桌的菸灰缸裡，剛剛掐滅的第十支雪茄菸蒂

致敬保羅・沃克：半世風雲，一蓑煙雨

還在緩緩冒著輕煙。他承認這樣有點浪費，「尤其是現在每支漲到了 25 美分」。

伯恩斯在沃克邊上、壁爐前的搖椅上，正在吸著他的老菸斗。就在兩個小時前，伯恩斯從洛杉磯急匆匆地來辦公室找沃克。見到沃克，伯恩斯第一句話便是：「沒有發生國際危機，我是不會來找你的。」

「這份報告是雷根經濟政策協調委員會起草的，我不能給你看，但可以把內容告訴你。」

「你確信要告訴我嗎？」

「在目前的情況下……是的。米爾頓（傅利曼）希望撤掉聯準會，也就是把你炒掉，然後用一臺電腦替代。」

「那是一個隱喻，阿瑟（伯恩斯）。」

「我知道，保羅（沃克），但還不止這些。你知道，這裡面有傅利曼還有舒茲，你知道他們在雷根總統那裡有多大的能量。」

沃克從來沒有見過伯恩斯如此緊張，他也意識到了問題的嚴重性。沃克還在為卡特的敗選感到愧疚，如今新總統會以何種態度對他，心裡實在沒底。

外界的嘲笑、挖苦與謾罵已經不堪入耳，雖然他早已習慣，但他還是覺得愧對這份公職。9 年前，沃克親自制定出中止黃金兌換的方案，如今美元猶如脫韁的野馬，他在位高權重的聯準會主席的位置上卻無能為力，甚至將美國經濟陷入災難之中。

歷史觀

想到這裡,沃克神情黯然、哽咽難鳴,所幸的是整個辦公室煙霧繚繞,伯恩斯沒有察覺到。

更糟糕的是,接下來一個月,聯準會理事會分兩次提高貼現率到13%,聯邦公開市場委員會將聯邦基金利率提高到20%以上。商業銀行紛紛提高優惠貸款利率,達到了21.5%的歷史新高。媒體大呼,沃克的聯準會公開放高利貸。

沃克在回憶這段歷史時也曾說過:「如果1979年以前有人告訴我,我會當上聯準會主席並且把利率提升到20%,我肯定會鑿個洞鑽進去大哭一場。」

在新總統就職大典3天後,即1981年1月23日星期五,雷根在沃克熟悉的財政部設宴招待沃克。宴席上,雷根非常老道狡猾地問沃克:「我接到了一些人寫來的信,問我們為什麼要保留聯準會。您希望我怎麼答覆他們?」

沃克勉強擠出一絲微笑,心裡感謝伯恩斯提前透露這一消息給他。

「總統先生,對這些問題,外界的確有些擔憂,但我想您一定能夠說服他們,我們聯準會運作得還不錯的。不幸的是,我們是華盛頓唯一在與通膨抗爭的機構⋯⋯」

不過,雷根與沃克都沒有想到的是,此後一年時間,美國經濟經歷了大蕭條以來最為糟糕的時刻,經濟深度衰退,失業率和通膨率居高不下。除了堅持嚴控貨幣總量和堅持高利率,

沃克什麼也不能做。他能做的只有堅持到底,以及等待潮水般的嘲諷。或許真被傅利曼說中了:反正都已經爛透了,唯一的好消息是沒有比這更爛,你儘管放手去做。

白宮那邊也像熱鍋上的螞蟻,雷根憑藉肯普減稅法案上臺。以孟岱爾、拉弗(Arthur Laffer)為代表的供給學派為雷根制定了一整套減稅改革的計畫。但是,這一年剛剛推行大規模減稅政策,政府財政赤字就創下了新紀錄,這讓強調政府預算平衡的老派經濟學家極為不滿。沃克此時明白,雖然雷根對他頗有微詞,但此時彼此都需要對方。於是,他找到了總統經濟顧問委員會主席莫瑞‧維登鮑姆(Murray L. Weidenbaum),讓其協助安排一次與雷根不帶助手的一對一會見。

1982年2月15日,星期一下午,這天恰逢華盛頓誕辰紀念日,是美國的國定假日。總統穿著一件帶條紋的高爾夫球衫和一條茶色休閒褲,在輕鬆的氛圍中與沃克相談甚歡。顯然,他們已經達成了共識。

雷根在當天的日記裡寫道:「與保羅‧沃克見面。我認為我們之間在建立友好關係方面有了新的突破,且形成了降低利率的共識。我覺得我們可以在6月之前讓短期利率降下來3～4個百分點。以後再考慮降低長期利率的問題。」

當時雷根政府的赤字不斷擴大,市場認為,政府赤字必須在融資市場中解決,這樣必然與市場爭奪美元,然後不斷地推高利率。

歷史觀

沃克並不認同雷根政府的減稅方案，他認為政府緊縮預算，增加稅收，才能避免赤字擴大化，然後利率才能下來。

所以，沃克用降低利率作為交換條件，促使雷根政府緊縮財政，並增加稅收。貨幣與財政聯手解決問題，這符合孟岱爾的大拇指理論，但是沃克的操作方法卻與孟岱爾相反。1982年8月19日，增稅法案獲得通過。供給學派失望之極，一批供給學派年輕官員從財政部辭職。

此時，汽車銷售額降到20年來的最低點，房價快速下跌。失業率已經突破9.5%，超過1,000萬人失去了工作。一期雜誌甚至在封面上怒火萬丈地刊登對沃克及其聯儲會同事們的「通緝令」。

俄亥俄州的農民、五大湖區的工廠老闆以及難纏的工會，都找上門要和沃克「好好算帳」。

「抗擊通膨的代價不小，當時抗議的人們圍住了我們的大樓。」

沃克回憶說。「我們正在打正義之戰，我們不願意（因壓力）撤退，大家今後都會理解這樣做的正確性。」沃克試圖獲得民眾的理解。

一天，下班後他坐在聯準會專車上等芭芭拉（沃克妻子），發現司機正在讀一本書《怎樣從通膨中得利》。沃克簡直不敢相信自己的眼睛，他與總統、國會做了那麼艱苦的爭鬥……到頭

來怎麼能容忍後院出叛徒呢。沃克忍不住問:「潘尼亞先生,您怎麼讀這樣一本書啊?」

他轉頭跟沃克說:「我猜想您不會介意吧,這是從書店買的特價書……標價10.95美元,賣1.98美元。」

沃克笑了:「那才是一小步。」

這是一個非常好的信號,此時通膨率已下降至5%!

1982年10月5日,聯邦公開市場委員會會議上,委員們以9:3的表決結果,通過了將貨幣政策目標轉向降低利率的提議。4天後,《紐約時報》刊出〈祝賀沃克先生的成就〉。

沃克此時的麻煩是,美國的鄰國墨西哥爆發了債務違約危機。市場認為,沃克在銀行監管方面「徹底失敗」,國會責成沃克處理這個問題。當時,經濟學界一致認為,沃克為了抗擊通膨——聯準會的功勞,犧牲了就業、經濟以及墨西哥。

但是,沃克能夠做的只有祈禱墨西哥不要爆發連鎖反應,以及經濟盡快復甦。

「春江水暖鴨先知」,1982年10月,道瓊指數從8月的770漲到了1,000。這簡直是神話般的故事。通膨水準逐漸下降的同時,大量國際資本開始進入美國資本市場。大量投資放棄原油等大宗商品,轉而追逐股票、債券、貨幣基金等低通膨的金融資產。

這預示著漫長而痛苦的滯脹時代結束了嗎?沃克勝利了嗎?

歷史觀

　　1982 年冬天,美國經濟乃至世界經濟進入歷史性的拐點。美國股市在經歷了將近 10 年的低迷之後,開始進入孟岱爾及其追隨者曾經預言的「美好場景」,一場史詩般的大牛市正在拉開序幕。

　　1983 年,通膨率下降至 3.2%,之後兩年在 4% 左右,1986 年降到 1.9%。通膨率的下降程度和速度,遠遠超過了朝野、幕僚們的預測,經濟也在最冷的寒冬中開始回暖。1983 年,GDP 成長率為 4.5%,1984 年高達 7.2%,統計專家大呼經濟過熱,呼籲聯準會出手調節,1985 年為 4.1%。1982 年之後的 25 年間,年成長率達 3.3%,與二戰後 25 年間的成長水準相當。

　　當時,《紐約書評》如此稱讚:「雷根當選總統,意味著空中再次瀰漫如麝香般芬芳的利潤。」後來,索羅斯(George Soros)將這一經濟奇蹟稱之為「雷根大循環」。

　　1983 年 5 月 28 日,星期一,在紐約東區公寓裡,沃克跟芭芭拉說:「我正在申請下週與總統會面。」

　　芭芭拉接過話:「你是想遞交辭呈嗎?」

　　兩個月後,沃克的 4 年任期即滿,此時他在考慮是否爭取連任。

　　「也不全是……」

　　芭芭拉有些激動地說:「我想你說過要考慮這個問題。我們沒有什麼積蓄,我也沒有活出自己的生活……但我從未阻止過

你的事業選擇，也對你的成就感到驕傲。但是現在你已經戰勝通膨，你的使命完成了。」

「暫時如此，這才是序幕剛剛結束。」

芭芭拉打斷他的話：「你難道還真以為你是美國的『邱吉爾』嗎？」

「我真希望我不是邱吉爾。英國人在邱吉爾拯救國家於危難之後，一腳把他從首相位子上踢開了。」

沃克的真實想法是，他只想再做一年半到兩年，把未盡之事做完，以善始善終。但是，他覺得自己不能再做滿一任，因為他虧欠芭芭拉太多，芭芭拉身體不好，為了支持沃克，犧牲了很多。

當時，雷根頗為猶豫，畢竟他不想像前任卡特總統那樣被一個不受控的聯準會主席影響連任前途。在與沃克會面的當天晚上，雷根寫下日記：「我見了保羅——我是在 8 月 1 日任命他做聯準會主席呢，還是別人？從金融市場的反應看，似應讓他續任。我不希望動搖他們對復甦的信心。」

事實上，雷根別無選擇，除了一些經濟學家還頗有微詞之外，投行、議員、財政部官員以及市場，都在支持他。沃克聲望日隆。

1983 年 6 月 18 日中午，雷根在總統休閒地大衛營按慣例發表廣播講話。不過，他沒有按講稿出牌，而用昔日記者爆料式

歷史觀

的腔調：「好吧，我現在沒有像你們在電影中看到的那樣（雷根之前是演員），戴著草帽，握緊電話聽筒。但在開始今天的播音之前，我想宣布一個重要事項……」

雷根用這種極為不正式的方式宣布了沃克連任，這讓白宮官員跌破眼鏡。不過，沃克不在乎。一個月後，參議院全體會議通過了沃克的任命。參議員加恩明確表示支持沃克：「我懷疑除了沃克以外，過去還沒有哪位聯準會主席能在如此嚴峻的情況下堅持履責。」

03 沃克法則

1986年2月24日上午11點45分，沃克向芭芭拉打了個電話：「我想讓你今晚做頓晚飯。」

「真讓人感到驚喜。我可不覺得我的廚藝有那麼好啊。」

「嗯，我想讓你定期操練一下。」

「天哪，你這話讓我難過了……你那邊發生什麼事了？」

「剛才在聯準會理事會會議上，我的意見被多數票否決了……我不能再做下去了。」

「得了吧，保羅，你不是那樣的人……先去跟貝克談談吧。」

「我會的，我們將一起吃午飯聊聊。」

事實上，芭芭拉不清楚，理事會的內鬥正是雷根安排的財

政部長詹姆斯・貝克（James Baker）挑起的。

在沃克續任的參議院聽證會上，一位來自威斯康辛州的參議員普羅克斯邁爾（Proxmire）對沃克說：「我們親手打造了這隻龐大、笨重、殘暴的債務怪獸……這種局面正應了那句話，不是不報，時機未到……無論是通膨還是高利率，或者兩者一起，都會把復甦扼殺在萌芽之中……所以我說，保羅，祝你好運，你這個可憐的傢伙。」

全場哄堂大笑，只有沃克一臉嚴肅。

沃克心裡很明白，接下來這一任期未必比上一任更輕鬆。沃克已經多次拒絕雷根政府的貨幣赤字化要求，嚴禁聯準會直接購買國債。但是，如果雷根政府繼續擴張赤字，很可能再次推高真實利率，他與雷根的衝突勢必形如水火。

在第二任期內，經濟快速復甦，通膨得到徹底遏制，沃克與華爾街金融龍頭聯手拯救了大陸伊利諾國家銀行的破產，避免了一場來自拉美債務危機的金融衝擊。不過，這也讓沃克以及聯準會落下「大到不能倒」的名聲，儘管他不想這樣。

此時，沃克仔細評估了市場風險，只有聯邦財政赤字讓他感到頭痛不已。市場對財政赤字的擔憂已經蓋過了通膨。1985年12月，參議院通過了《格拉姆——拉德曼——霍林斯法案》，該法案試圖全面削減聯邦赤字，避免財政赤字出現災難性風險。

歷史觀

與此同時，美國財政部長詹姆斯・貝克正在積極促成《廣場協議》談判。白宮認為，過去幾年美元升值太快，不利於美國出口，同時也藉此將美元利率下調以緩解聯邦財政赤字。

狡猾的貝克對外釋放的信號是，沃克促成這次談判，希望美元匯率下跌。實際上，對於沃克來說，《廣場協議》的成果喜憂參半。

就在協議簽署後不到6個月，美元已經貶值了50%，大大超出了市場預期。沃克認為，美元貶值太快，希望利用有限的政策工具緩一緩。但是，令沃克沒想到的是，貝克不但擅長使用國際事務來干擾貨幣政策，還將手伸到了聯準會最核心的權力部門——聯準會理事會。

1986年2月24日，星期一，達拉斯和舊金山兩家聯儲銀行向理事會申請，希望把貼現率降低0.5個百分點。沃克想拖一拖，但是一位名叫普雷斯頓・馬丁的理事態度強硬。

「那讓我們來投票決定吧。」沃克脫口而出，憑藉過去6年的權威，沃克相信投票能夠擺平這事。但是這一次，他太過自信了。

投票的結果是，沃克以3：4輸掉了這場對決。另一位理事瑪莎・賽格爾表達了勝利的喜悅：「聯準會不再是一個人的舞臺。」

實際上，結果出來了，沃克才意識到這是一場關鍵對決。

馬丁和賽格爾都是雷根任命的，他們與雷根、貝克一樣都試圖執行寬鬆貨幣政策。

但是，即使他倆是雷根的親信，也只有兩票，難以在理事會成事。聯準會理事會共有 7 名理事，每個人都由總統任命，任期 14 年。為了防止政府干預央行的自主權，國會將各位理事的 14 年任期錯開分配，一任總統最多只能任命 2 位理事。但是，由於雷根連任，他可以任命 4 位理事。

就在投票前半個月，雷根就任命了 2 位新理事替代了一位到期的理事和一位辭職的理事。這樣，雷根就手握 4 張票，從沃克手上奪回了理事會的控制權。

投票結果出來後，沃克大發雷霆：「從現在開始，你們可以為所欲為……但我不奉陪了。」他走出理事會議室，順手一甩，「砰」的一聲把門關上。

當天下午，沃克找到了財政部長貝克，「我帶了一份辭職報告」。

「你在說什麼？」

「今天早晨，理事會會議上的表決結果推翻了我不願意降低貼現率的立場。」

「保羅，別做傻事，你不能辭職⋯⋯」

3 月 7 日，聯準會公布了降低貼現率的結果。就在前一天，德意志銀行和日本銀行也降低了貸款利率。馬丁理事高調地宣

歷史觀

稱,這是一場「史無前例」的國際合作典範。雷根政府也稱,財政部長詹姆斯‧貝克正在推進的國際磋商合作獲得重大成就。

沃克回憶說,當時他真不願意以這種方式離開聯準會。但是,真正讓沃克下定決心離開的是1987年5月1日理事會做出的一個決定。

當時,理事會投票表決,同意批准3家控股銀行——花旗集團、信孚銀行以及J.P.摩根公司承銷特定的債券。這一決定實際上違反了1933年通過的《格拉斯——斯蒂格爾法案》。沃克極力反對,因為他很清楚,這個決定意味著金融混業時代的到來,大幅度放寬金融監管,商業銀行從事投資銀行業務將製造龐大的金融風險。

有媒體這樣解讀這一投票結果:「威風凜凜的沃克先生罕見地在雷根總統任命的聯準會理事面前敗下陣來。這說明在監管問題上,那些由雷根任命、更傾向於自由市場制度的聯準會理事們正準備把主席趕走。」

1987年6月1日下午,沃克拜訪雷根,遞交了辭職信。次日上午10時,雷根站在白宮新聞發布室的麥克風前,左右兩邊一個是沃克,一個是葛林斯潘。雷根宣布,葛林斯潘替代沃克擔任新任聯準會主席。他對沃克的辭職「極盡挽留,深表遺憾」,並對沃克抗擊通膨的成就高度評價。

當記者問沃克為何辭職時,他援引了《聖經‧舊約》中的一句話,輕描淡寫地說:「來亦有時,去亦有時。」一位來自紐約

州的議員查爾斯・舒默（Charles E. Schumer）認為，總統「應該跪拜沃克，懇求他留任」。

事實上，華爾街金融界也這麼認為。當天上午10點沃克辭職的消息傳出後，投資者瘋狂拋掉美元，大舉購入黃金。黃金大漲，美元對德國馬克匯率下跌。法國巴黎甚至被迫中止外匯交易。市場用錢投票表達了無聲的憤怒。

沃克走了，為聯準會留下了一部操作手冊。

辭職後的第一個星期，聯準會理事會收到了成袋的信件和明信片。其中有的來自前總統傑拉德・福特（Gerald Ford）、理查・尼克森，還有英國首相柴契爾夫人（Margaret Thatcher），當然大部分都來自各州的老友、議員、市民以及各界人士。不少信件的抬頭都寫著簡單的地址：華盛頓特區保羅・沃克主席。

福特總統的親筆信誇讚沃克的「正直品格」：「在危機時刻有你掌舵，無論是對美國還是整個世界而言，實乃幸事。我由衷地感謝你的優異工作和你個人所做出的犧牲。」

柴契爾夫人信中這樣說道：「您對穩健貨幣政策堅定追求，您在遏制世界最大經濟體通貨膨脹這一複雜任務中所展現出來的超群技藝和理解同情，令我備感欽佩。在一個劇烈變革的時代，在一個世界金融體系承受著龐大壓力的時代，您發揮的作用無可估量。」

來自賓州的麥可・帕維萊克說到了沃克心坎裡：「雖然我當時在很長一段時間裡找不到工作，但是，我始終理解和贊成你

歷史觀

作為聯準會主席的政策。你保全了我一輩子的積蓄，使之沒有化為烏有。換一個缺乏膽略的人，很可能會屈服於政治壓力，而你則為我們的國家和人民做出了卓越的貢獻。」

大多數信件都是以「一位納稅人」、「一位公民」的身分感謝他，其中一個人在信中提出一個請求：「希望你有時間去指導艾倫‧葛林斯潘，讓他沿著你的足跡往前邁進……」

自沃克卸任後，聯準會進入了葛林斯潘時代。聰明過人的葛林斯潘掌控聯準會達 20 年之久，一度是美國最具權勢的人物，被稱為全球「經濟沙皇」。任期內，他不乏抗擊亞洲金融危機、推動資訊革命等光輝戰績。葛林斯潘還是一位模稜兩可的預言大師，擅長與市場進行「理性預期」式的賽局。市場有一句傳言，「葛林斯潘一開口，全球投資人都要豎起耳朵」。

若不是 2008 年金融危機，時間這位老人早已把沃克忘記了，人們只會記住那個「美元總統」葛林斯潘。葛林斯潘並未堅守當年的承諾，他多次瘋狂下調利率，執行寬鬆的貨幣政策。在次貸危機爆發之前，葛林斯潘與小布希試圖「再造美國住房夢」，將利率下調至零附近，華爾街大發次貸，金融衍生品過度創新，金融繁榮異常，最終以次貸危機和金融危機收場。

沃克離開聯準會有很多不捨，但他知道，只要危機過去，白宮是不會歡迎他這個「只是艱難時局下的替罪羊」。他內心也覺得虧欠芭芭拉太多，是時候回歸家庭了。事實上，沃克在財政部和聯準會任職期間，家庭經濟拮据。沃克兒子身患殘疾，

200

芭芭拉又患嚴重的關節炎，只能在一家建築公司做兼職。

芭芭拉曾經說：「在保羅接受這個工作之前，我們勉強還能存點錢，但現在賺的錢都不知不覺全花光了。」為了補貼家用，他們只能把自己的房子出租，然後租住在華盛頓偏遠郊區的一房一廳裡。沃克也深感愧疚：「我怎麼把家弄到了這般舉步維艱的地步？」

不過，離開聯準會後，沃克並未去華爾街謀求高薪，而是返回母校普林斯頓大學任教。

2009年，金融危機爆發後，歐巴馬總統邀請沃克出山擔任美國總統經濟復甦顧問委員會主席。2010年1月21日，歐巴馬宣布對美國銀行業進行重大改革，禁止銀行利用聯邦政府承保的存款進行高風險的自營業務投資，並且反對金融業內更進一步的合併。

歐巴馬趁此良機「消費」了一把沃克，他把這個改革命名為「沃克法則」。對此，沃克感到十分驚訝和無奈。在演講時，沃克扭過頭對著歐巴馬說：「我們稱它為『歐巴馬法則』如何？」

所謂沃克法則，就是要將金融機構的自營業務與商業銀行業務分開來，銀行想做自營業務，就不能使用客戶存款和聯邦政府低息貸款。聯準會的會員銀行以證券作為擔保物，以較低的利率向聯準會借款。

沃克法則，某種程度上說是沃克當年離開聯準會時對放鬆金融監管的一種回應。整整20年，次貸危機再一次證明了沃克

歷史觀

當年堅決反對放鬆金融監管是多麼的明智。「沃克法則」被寫入 2010 年發表的美國金融改革法——《多德——弗蘭克法案》之中。

不過，沃克法則最初的方案只有區區 4 頁紙，沃克的初衷是想透過一部簡單的法律，最大限度地限制金融龍頭從事投機交易。但是，歐巴馬沒能頂住華爾街的壓力，這個 4 頁紙的方案最終變成了上千頁的法案，規則變得極為複雜，對金融機構的監管力度大大縮水。

其實，歐巴馬給的這個職位本是虛職，他只是想借沃克的威望達成平復民心之目的。此時，沃克年事已高，再也沒有體力「與世界為敵」了。

不過，沃克依然在 2011 年發出一些真正關乎全球命運的聲音：「這是一個外國擁有我們數兆美元的時代，這是一個我們更加依賴向外國借款的時代，這是一個整個世界都指望美元能維持住購買力的時代。」這一句話，與當年他的上司康納利財政部長的「我們的美元，你們的難題」，截然相反。

沃克生於大蕭條之前的紐澤西州海濱城市開普梅，其父親是該州一座小城的行政長官，一生清廉勤勉，堅毅執著，管理這個小城長達 20 年，並使之免遭大蕭條的衝擊。沃克繼承了父親身上的堅毅、清廉與奉公，用半生公職生涯詮釋了古羅馬人頌揚的最高美德：勇氣、正直、智慧、謹慎，以及獻身自己、服務國家。

有人說，在聯準會樓前的廣場上應該豎立一座雕像，而在聯準會百年歷史中，只有一人的雕像最值得立於此處，他就是保羅・沃克。

在財政赤字貨幣化、福利民粹主義的時代，沃克的正直、勇氣、清貧以及高貴的人格，不斷地提醒我們，如何抑制濫發貨幣的衝動和誘惑。

其實，早在 1995 年，沃克在一家小而美的投資公司裡獲得了幾百萬美元的報酬。但是，當時芭芭拉因糖尿病和關節炎併發症已經臥床不起。為了向芭芭拉表達敬意，作為對她一生的補償，沃克夫婦決定在紐約市特種外科醫院發起設立芭芭拉・沃克女性風溼病中心，並將這筆錢全部捐出。

3 年後，芭芭拉離世。沃克事業上堅強果敢，宛如一位巨人，但生活上、情感上都極其依賴芭芭拉。芭芭拉的離去，對沃克打擊很大。令沃克稍微安慰的是，「在芭芭拉 1998 年去世之前，這是為她帶來慰藉的少有的生活體驗。她配得上這份榮耀」。

之後，沃克將大部分時間花在沒有收入的公共事務上，比如處理安然公司醜聞，幫助二戰受難者追回財產，以至於生活拮据清苦。平時，沃克租住在紐約郊區的一個小房子裡，依然乘坐地鐵外出。與之前半生一樣，為了維持生活，他只能把自己的房子出租，然後租住在一個小得像學生宿舍一樣的老房子裡。身材魁梧高大的他，在這個房間裡顯得局促不安，屋內大

歷史觀

部分空間被書籍和資料擠滿。每到週末，沃克請自己的女兒來幫他清洗衣物。

如今，92歲的沃克，這位曾經語調輕柔、目光堅定的巨人，說話已有些口齒不清，記憶有些模糊，已經戒掉了雪茄。

所有人都裝睡時，所有人都陷入貨幣泡沫之中時，只有這位老人是清醒的。然而，他是孤獨的，或許只有芭芭拉才能給他真正的溫暖、理解以及安全感。

後記

「我在此想明確地告訴你，如果銀行機構仍靠納稅人的錢提供保護，繼續隨意投機的話，危機還是會發生的。我老了，恐怕活不到危機捲土重來的那一天，但我的靈魂會回來纏住你們不放！」

2010年2月2日，美國參議院就金融監管法案中舉行的「沃克法則」聽證會上，當有議員質疑他提議加強金融監管的法規是過時之舉時，83歲的沃克如此回敬對方。

美國前國務卿季辛吉稱沃克為「我們這個時代的智者」。其實，沃克不是智者，任何時代都不缺乏智者，有時因為智者太多才出問題。我認為，「他是一位英雄，是一位真正的英雄」。

「半世風雲斷古皇，一蓑煙雨任平生。」

—— 致敬保羅・沃克！

■ 參考文獻

(1) 保羅・沃克，行天豐雄，時運變遷 [M]，于傑譯，2018.
(2) 保羅・沃克，克里斯蒂娜・哈珀，堅定不移 [M]，徐忠譯，2019.
(3) 威廉・希爾伯，力挽狂瀾 [M]，縶相等譯，2013.
(4) 金焱，央行的職責：專訪聯準會前主席保羅・沃克 [J]，2016（12）.
(5) 劉麗娜.金融泰斗保羅・沃克:美國最偉大的聯準會主席 [N/OL]，2014-02-22［2023-01-02］.

與死神邊際賽跑：人類勝算幾何？

人類與傳染病毒抗戰的歷史，是一部充滿血與淚的歷史，也是一部社會經濟變革史。

本節以傳染病史為主線，探索近代歐洲人與傳染病的持續抗爭，如何促進科學萌芽及思想啟蒙，如何促進經濟成長方式及公共物品建設的變革。

歷史觀

01 黑死病

西元 1347 年，蒙古大軍攻打黑海港口城市卡法（今烏克蘭費奧多西亞），不久之後草原大軍停止了征程，西歐免遭「鐵騎」踩躪。但是，西歐乃至整個歐洲仍舊未能倖免，一場比戰爭更可怕的災難悄然降臨⋯⋯

當蒙古大軍的腳步停下來時，他們身上帶來的一種極為凶險的傳染病——黑死病（鼠疫）又開啟了一段更為血腥殘酷的征程。當時，在羅曼語、日耳曼語的國家和地區，很多房屋的外牆上怵目驚心地塗寫著一個大大的「P」字（Pest）——警告、提醒路人，此屋住有黑死病人，務必迅速逃離。

最開始，一個被傳染了的韃靼人部落把病菌帶到了克里米亞地峽，在那裡的卡法商站，韃靼人圍攻了一小隊義大利商人，病菌開始進入義大利。

西元 1347 年 9 月，黑死病最早攻陷義大利南部西西里島的港口城市墨西拿，兩個月後經水路便傳染到了北部的熱那亞和法國港口城市馬賽。西元 1348 年 1 月破威尼斯和比薩雙城，3 月拿下義大利商業及文化重鎮佛羅倫斯。

之後，黑死病在這些人口密集、商流穿行的大城市，經陸路、水路四面開花，很快輻射到歐洲各地：義大利北部經布倫納山口到蒂羅爾、克恩滕、施泰爾馬克，再到奧地利重鎮維也納；馬賽擴散到普羅旺斯、巴黎、諾曼第、萊茵河、巴塞爾、

法蘭克福、科隆、漢堡,直至整個法國;西元1348年夏天,英倫島淪陷,多塞特郡韋茅斯的一個小港率先破局,8月攻克布里斯托爾和倫敦,而後是德文、牛津和康瓦爾郡,西元1349年整個不列顛島寸草不生;西元1350年北歐波羅的海、東歐各國均被拿下,兩年後開始遠征俄羅斯並攻陷莫斯科⋯⋯

短短5年,一個街區接著一個街區,一棟房屋接著一棟房屋,都塗寫上了一個個大大的嚇人的「P」,整個歐洲大陸及不列顛島淪為人間地獄:無數屍體被掩埋,或被拋棄到海上,丟到墳場,被丟棄在太陽底下任其腐爛,遭到野狼、野狗吞食。

伴隨著悲劇和惡臭的是可怕的寂靜。有些地方,喪鐘和哭聲都消失了──因為「所有人都難逃一劫」。

義大利詩人喬凡尼・薄伽丘(Giovanni Boccaccio)的故鄉佛羅倫斯是重災區,80%的人因黑死病死亡。薄伽丘是親歷者,他在著名的《十日談》(Decameron)中這樣寫道:「行人在街上走著走著突然倒地而亡;待在家裡的人孤獨地死去,在屍臭被人聞到前,無人知曉;每天、每小時大批屍體被運到城外;乳牛在城裡的大街上亂逛,卻見不到人的蹤影⋯⋯整個城市到處都是屍體。」薄伽丘最後驚呼:「天主對人類殘酷到了極點!」

威爾斯詩人讓・格辛寫道:「我們看到死神就像一團黑煙一樣,飄到我們中間,這是一場屠戮年輕人的瘟疫,一個不會憐香惜玉的幽靈。痛苦的根源是我腋窩裡的淋巴結;滾燙,恐怖,不管出現在哪裡,總伴隨著痛苦和尖叫,這是臂下的重負,是

歷史觀

憤怒的結節，是白色的腫瘤。」

西元 1348 年，義大利詩人佩脫拉克（Francesco Petrarca）深愛的蘿拉（Laura de Noves）在亞維農死於這場鼠疫，他問道：「我們都不敢相信這一切，我們的後代會相信現在所發生的事情嗎？」

這場災難替歐洲帶來了嚴重的人口危機。歷史學家猜想，這次黑死病大約造成 2,400 萬人死亡，約占歐洲和西亞人口的 4 分之 1。黑死病在人類歷史上是最致命的瘟疫之一，曾經多次大規模爆發，造成全世界死亡人數高達 7,500 萬人，其中歐洲的死亡人數為 2,500 萬人到 5,000 萬人。

這場浩劫改變了歐洲的歷史走向，社會陷入混亂，經濟元氣大傷，天主教的權威遭到沉重的打擊，世俗政治力量開始崛起。西方學者認為，黑死病是「中世紀中期與晚期的分水嶺」，「象徵了中世紀的結束」。

02 一刀三死

「替我計時，先生們，替我計時！」

19 世紀，蘇格蘭外科名醫羅伯特・李斯頓（Robert Liston），以手術快而聞名，每次手術前他都大喊，叫學生替他計時，彷彿他要與死神進行一場激烈的賽跑。

由於當時沒有麻醉散，實施手術就像一場大戰，通常先將

患者灌醉，然後乘其不備「快刀斬亂麻」，同時配有十幾個彪形大漢將其按住。醫生每次都是在鬼哭狼嚎中做完手術。所以，刀法「快準狠」變成更為核心的技術，李斯頓的「閃電刀法」備受崇拜。

據說，最快的一次是截肢手術，學生替他計時定格在兩分半鐘。從按腿到縫合完畢，一氣呵成，這一紀錄足以載入史冊，無人能破。

做手術，除了時間，還有一項紀錄也被歷史記下，那就是「一刀死三人」：病人死了；邊上的助手被切掉一根手指，感染而亡；還有一個圍觀群眾，看到如此場景驚恐而死。

那時的醫療技術，簡直就是娛樂業。馬修·普萊爾在西元1714年曾經嘲說：「昨天病剛好，晚上就死在醫生手上。」

但是，醫生是認真的，比如說放血。

西元 1799 年 12 月 13 日，美國第一任總統華盛頓（George Washington）出去騎馬兜風卻感染風寒。第二天，他的喉嚨疼得厲害，聲音嘶啞並伴有寒戰。很快華盛頓宣「御醫」過來診斷，接下來的 12 個小時，好端端的總統大人竟被活生生地放血而亡。

不僅是放血，醫生讓他服用了多種甘汞（一種含汞的瀉藥）以排空體內，還將斑蝥粉起泡劑抹在他的脖子上試圖消除喉嚨炎症。

歷史觀

醫生如此「大刑伺候」，華盛頓最終沒能熬過那天晚上。不過，華盛頓只是在 3,000 多年裡無數被放血死去的人中的一員。

在與死神邊際賽跑的競速道上，人類在很長一段時間裡都是輸家。

沒人能夠解釋這場大規模的鼠疫為什麼在 17 世紀末就突然消失。它就像一個幽靈突然降臨擄走了成千上萬條鮮活的生命，然後跑得無影無蹤。人類甚至忌憚它隨時還會降臨，事實亦是如此。

在 17 世紀之前，人類彷彿生活在一個完全不確定的未知空間。生得隨機，死得偶然，平民、貴族、國王、醫生在死神面前人人平等。

但西方醫學也並非一直如此不堪，早在古希臘時期，就出了一位叫希波克拉底（Hippocrates）的名醫（約西元前 460－西元前 370 年）。他提出了著名的「體液學說」。這一學說，與中國古代中醫「天人合一、陰陽協調」思想類似，他強調「我們體內的自然力量，是治療疾病的真正良藥」。

《希波克拉底文集》共收錄了六、七十本醫學著作，均署希波克拉底之名，彙集了古希臘時期豐富的醫學實踐和理論，對歐洲醫學影響長達 1,000 多年。「希波克拉底誓言」至今仍是不少醫學院學生的入學第一課以及白衣天使的道德準則。希波克拉底因此被尊為西方「醫學之父」。

另外一位著名的醫生是古羅馬御醫加倫（Galen）。西元 2 世紀，天主教禁止實施人體解剖，加倫對動物進行解剖，然後在此基礎上建立人體解剖理論。此後 1,000 多年，加倫在解剖結構上一直是權威。

但是，古羅馬帝國衰落之後，教會長期控制著醫院，西方醫療技術發展極為緩慢。古希臘的「醫學神廟」、古羅馬供體弱多病者和軍隊使用的「醫院」等成為教會組織的「避難所」。

古希臘的「醫學神廟」更多的是讓病人祈禱，不管是先天疾病，還是感冒發燒，病人都在這裡祈禱痊癒。截至 18 世紀，歐洲大多數教會醫院都擁擠不堪、臭氣薰天、藏汙納垢，醫院落下「大墳場」的惡名，男性婦產科醫生被罵為「屠夫」。從醫生手上活下來的人未必比死去的人多，關於這一點醫生自己都未能確定。

18 世紀，匈牙利醫生伊格納茲・塞麥爾維斯（Ignatius Semmelweis）曾說過：「說實在話，只有上帝才知道有多少女人的性命早早地斷送在我的手中。」與塞麥爾維斯的自省與自愧相比，多數醫生當時的一些行為只能用「搞笑」來形容。

當時的婦產科醫生做完手術，甚至處理完屍體也不洗手，接著就替產婦接生。在今天看來匪夷所思，但在當時血漬、汙漬沾染在自己身上、手上被醫生當作一種職業功勳章來炫耀。西元 1846 年，塞麥爾維斯在維也納著名的教學醫院維也納綜合醫院擔任助手。塞麥爾維斯在讀好友的屍檢報告時發現，他好

歷史觀

友在做屍檢時,不小心用刀子割到了自己的手指,報告顯示他所得的病與死於生產的婦女是一樣的。塞麥爾維斯仔細觀察了自己所在診區中醫生的操作,觀察到他們輔助屍檢後會直接對產婦進行檢查,並不會洗手。

最後,塞麥爾維斯堅持要學生和醫生在進病房之前用漂白粉洗手,刷洗手指甲,確保「不會留下一丁點屍體的味道了」。由此產褥熱的病例急遽下降,產婦死亡率從15%直線下降到5%以下。

人類從宗教到科學,從巫術到醫學,經歷了一個非常漫長的過程,之前人類的生存更多依託於運氣。

因此,在17世紀之前,人口規模成長極為緩慢,甚至幾乎是靜態的。人口繁殖完全取決於季節與氣候,當風調雨順之際,人口則快速增加。一旦人口達到一定規模並聚集在一起,又可能發生一次大瘟疫,將人口規模拉回到原來的水準以下。

如此一來,人類不就反覆地踏入同一條歷史河流嗎?

就這個問題,古典經濟學家托馬斯·馬爾薩斯(Thomas Robert Malthus)很早就開始與其父親爭論不休。馬爾薩斯認為,人類確實不斷地掉進這種「陷阱」之中。按他的說法,如果沒有限制,人口會呈指數速率(2、4、8、16)增加,而食物供應呈線性速率(1、2、3、4)成長,如此下去人類社會不可避免地出現饑荒、疾病以及戰爭。馬爾薩斯將他與父親的爭論整理成一本小冊子叫《人口原理》(*An Essay on the Principle of Population*)

（西元 1798 年）。這一「陷阱」被後人界定為「馬爾薩斯陷阱」。

似乎與很多動物一樣，人類依靠繁殖延續，而過度繁殖反而又殺死了我們自身。這種悲劇在醫療技術處於「娛樂」水準的年代反覆上演。從西元 540 年開始，鼠疫就反覆爆發，人口成長速度極為緩慢，14 世紀黑死病導致人口出現坍縮式驟減。

馬爾薩斯的言論在當時受到批評，但也有不少重量級的追隨者，其中包括英國首相小威廉·皮特（William Pitt the Younger）。皮特曾經堅持「人多力量大」的傳統人口觀，後來被馬爾薩斯說服。西元 1795 年，他甚至放棄了新的《濟貧法》，不打算推行更有效的福利濟貧措施。皮特向眾議院解釋說：「對他們的意見，他必須要加以尊重。」而「他們」指的是邊沁和馬爾薩斯。

皮特、達爾文（Charles Darwin）、威廉·佩里大主教等眾多支持者都支持馬爾薩斯的預言——人類必將掉入萬劫不復的「馬爾薩斯陷阱」。不過，他們沒有看到的是，黑死病正在打破這一詛咒……

03 思考的骨架

西元 1536 年，一個漆黑的夜晚，一位年輕人正走在回家的路上。突然，他看到盧萬城牆外絞架上掛著一具死刑犯的屍體。他興奮不已，與一位數學家朋友一起將屍體取下，以飛快的速度把屍體偷回到自己的住所。

歷史觀

　　為了防止屍體散發惡臭味，他小心翼翼地將所有骨頭取下並扔到鍋裡煮熟，然後把骨架一一拼接復原。於是，他就有了一具完整的人體骨架。接下來短短幾年，他解剖了很多從墳墓裡偷來的或買來的死刑犯的屍體。

　　這位匪夷所思的年輕人，就是解剖學開創者安德烈亞斯・維薩留斯（Andreas Vesalius）。

　　14世紀爆發的大規模黑死病極大地打擊了天主教勢力。很多人開始不再相信祈禱能夠治癒該病，不在教會醫院等死，而是尋找更為有效的辦法。

　　西元1315年前後，羅馬天主教會開始逐漸接受人體解剖作為醫學教育的一種輔助方法，並在義大利的波隆那市進行了第一例人體解剖的公開展示。儘管每年被允許解剖的數量很少，僅限於少數死刑犯，但是人體解剖這刀下去，現代醫學的光則照進來了。

　　解剖學家維薩留斯採用瘋狂舉動對解剖學權威加倫提出了挑戰，他糾正了很多加倫在解剖學上的錯誤。比如維薩留斯發現男人與女人一樣都是一側12根肋骨，而不是加倫遵從天主教所說的男人比女人少一根（亞當的肋骨）。

　　維薩留斯在其不朽著作《人體構造》（*De humani corporis fabrica*）中，準確地描述和繪製了骨骼、肌肉、血管、神經系統及身體其他器官。其中一幅經典插圖被稱為「思考的骨架」。維薩留斯無疑對天主教的權威構成嚴峻的挑戰。

到了 16 世紀，解剖學成為一種公共景觀，義大利及其他國家的一些醫學院紛紛建立起了解剖學「展示廳」。解剖學家類似於今天的歌手開巡迴演唱會，公開表演，門票不菲。今天的帕多瓦、愛丁堡、巴塞隆納等地至今都保留了完好的解剖學展示廳。巴塞爾大學至今都保留了歷史上最古老的解剖學標本——西元 1543 年，維薩留斯對一名重刑犯雅各布的解剖骨架。

　　與此同時，馬丁・路德（Martin Luther）等人正在整個歐洲掀起一場宗教改革。

　　這場改革打擊了天主教會的神權統治，世俗政府勢力開始崛起，解放了宗教思想枷鎖，促進了自然科學以及醫學的發展。

　　維薩留斯向人體發起的進攻，開啟了現代醫學的天窗，在此後幾個世紀激勵著眾多醫學家孜孜以求地探索人體的奧祕，威廉・哈維（William Harvey）就是其中之一。

　　西元 1628 年，英國內科醫生威廉・哈維出版了著名的《動物心血運動的解剖研究》（*Exercitatio Anatomica de Motu Cordis et Sanguinis in Animalibus*）一書，提出了血液循環理論。他指出，心臟是「一切生命的基礎，一切的起源」。

　　哈維透過解剖發現了血液的肺循環，他認為心臟作為幫浦，推動著血液循環——暗色的靜脈血流向心臟的右心室，鮮紅的動脈血從心臟的左心室流出，血液透過心臟左右心室之間的通道流經肺臟。哈維的血液循環理論對醫學發展影響重大，此後科學家在此基礎上準確地描述了心臟、血液、動脈、靜

歷史觀

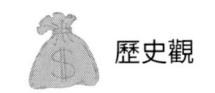

脈、淋巴、微血管、肺臟、神經系統等的功能,更加全面地建構消化、呼吸以及生殖系統理論。

17世紀,解剖學集體大爆發。倫敦外科醫生約翰·阿伯內西(John Abernethy)告訴他的學生們:「獲取知識的途徑只有一條……我們必須與逝者相伴。」解剖學家們記錄了醫學史上最為震懾人心的舉動,他們紛紛為自己的發現命名,輸卵管被稱為法羅皮奧管,腦底動脈環被命名為威利氏環,中腦導水管被命名為希厄維爾斯導水管,股三角為斯卡帕三角……西元1816年,法國醫生勒內·拉埃內克(René Laennec)發明了聽診器,對醫學進步作用極大。在此之前,歐洲醫生不像中醫一樣懂得把脈,他們只能俯首帖耳到病人胸前或後背才能聽診。

文明是被逼出來的。從14世紀黑死病橫行之後,醫學家們開始對死神發起挑戰。

在此後漫長的300多年間,維薩留斯的人體解剖、哈維的血液循環論、拉埃內克的聽診器、虎克(Robert Hooke)的顯微鏡以及微小生物的發現,極大地促進了現代醫學的發展,同時也大大降低了人口的自然死亡率,提高了治癒率和出生存活率。

當時,對人口成長影響最直接的醫學進步當屬防治天花的牛痘疫苗。

天花有3,000多年的歷史,古埃及木乃伊身上就發現了天花疤痕。西元前6世紀,印度天花流行。中世紀天花氾濫,平均每5人就有一位「痲臉」,多位國王命喪天花,如法國國王路易

十五（Louis XV）、英國女王瑪麗二世（Mary II）、德國國王約瑟夫一世（Josef I）。宋代開始，中醫用「人痘」接種預防天花。從17世紀開始天花從一種非致命疾病，逐漸演變為嚴重威脅到人類繁衍的惡魔。

18世紀開始，歐洲天花大流行，死亡人數達1.5億人，天花比任何其他疾病殺死的歐洲兒童都要多。在英國一個人口不到5,000人的城鎮，西元1769年到1774年間就有589名兒童死於天花，其中466人在3歲以下，只有一人超過10歲。在柏林，差不多同一時期，98％死於天花的是12歲以下的孩子。在倫敦，85％死於天花的人不到5歲。美國開國者之一班傑明・富蘭克林（Benjamin Franklin）的兒子西元1736年死於天花。

關於天花的防治，從中國到歐洲，再到北美，都有採用「像什麼治什麼」的種痘法，但是效果都不穩定。西元1774年，班傑明・傑斯蒂（Benjamin Jesty）農場的一名工人，從牛痘破損處取出痘苗，用鉤針在妻子和兩個兒子的手臂上弄出破口，將痘苗揉進破口。儘管當時天花相當流行，但是他們都沒有得病。西元1791年，一個叫普萊特的德國人做了一次類似的試驗。

這兩次有記載的試驗，引起了英國醫生愛德華・詹納（Edward Jenner）的注意。

西元1796年5月14日，詹納從一個擠牛奶的女工手腕上的牛痘膿皰中取出痘苗，注入一個叫詹姆士・菲普斯（James Phipps）的男孩手臂上兩個淺淺的切口中，每個切口長0.75英

歷史觀

寸。後來,這個小男孩沒有得過天花。

此後,他又替 23 個試驗對象「種牛痘」,經過幾年觀察,發現他們也沒得天花。西元 1798 年,詹納確認自己的成果無誤後,發表了著名的《關於牛痘預防接種的原因與後果》(*An Inquiry into the Causes and Effects of the Variolae Vaccinae, a Disease Known by the Name of Cow Pox*),牛痘接種法正式誕生。

到西元 1801 年底,在英國有約 10 萬人接種了牛痘疫苗,這一方法隨後在全世界推廣。西元 1802 年,天花高發地印度開始接種牛痘。

西元 1803 年,西班牙國王將牛痘引入美洲殖民地。西元 1807 年,巴伐利亞強制接種牛痘。此後是德國,德國軍隊徵兵要求重新接種牛痘。至西元 1811 年,法國超過 170 萬人接種了牛痘疫苗。

西元 1687 年 7 月 5 日,偉大的牛頓(Isaac Newton)出版了《自然哲學的數學原理》(*Philosophiæ Naturalis Principia Mathematica*)一書,從此人類從黑暗的長夜中醒過來。

此後,自然科學推動的蒸汽機革命,在英國率先興起。機器生產為人類帶來了前所未有的物質富足。當時,英國蒸汽棉紡織一年的產能超過過去半個世紀。大量廉價的棉紡織品輸送到英國各個城市、鄉村,乃至全世界各地,相當程度上解決了禦寒問題。再加上醫療技術的進步,人們感染風寒、天花的機率大大降低。

自 17 世紀開始，人口出生死亡率大幅度下降，人口規模持續增加。在英國，人口短時間內大爆發，越來越多的人湧入城市，似乎正要打破馬爾薩斯的預言，不過此時另外一個死神突然降臨……

04 公共衛生革命

西元 1831 年，英國樞密院官員查理・格雷維爾嚴陣以待，正在密切關注歐洲大陸霍亂的大流行。此時，馬爾薩斯已步入晚年，但似乎他的預言又要靈驗了。

6 月 17 日，格雷維爾派威廉・羅素醫生和大衛・巴里醫生前往歐洲大陸調查霍亂疫情。

霍亂是一種極其痛苦的病，讓人嘔吐、腹瀉直到腸胃皆空，全身脫水。西元 1832 年 4 月 9 日，海因里希・海涅（Heinrich Heine）寫了一封信，描寫他在巴黎看到的一幕：3 月 29 日，正在舉行蒙面舞會，一片嘈雜。突然，最快樂的小丑倒在地上，四肢冰涼，面具下的臉龐綠中帶紫。笑聲消失，跳舞停止，這人在被匆忙用馬車從舞廳送到天主大廈（巴黎最古老的醫院）時很快就死了。為防止引起那裡的病人恐慌，還戴著化裝斗篷的死者被連忙塞進一個粗糙的箱子。很快，公用大廳裡就堆滿因缺乏裹屍布或棺材而縫在布袋裡的死屍。

西元 1831 年 6 月 21 日，英國政府建立了一個中央衛生委

歷史觀

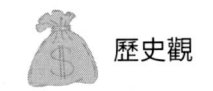

員會,歸樞密院監管。

10月12日,霍亂在漢堡出現,倫敦危在旦夕,每天從漢堡到不列顛群島的往來船隻,對英國造成極大的威脅。半個月後,有個叫詹姆斯·凱爾的軍醫報告,在桑德蘭發現了第一個霍亂死亡病例,至11月1日又有4例死亡報告。

西元1832年2月,中央衛生委員會聘用了4位醫院的代理總監、21位醫務官和17位醫生,以抗擊霍亂。在霍亂流行結束前,這些官員已為英格蘭和威爾斯的1,200個地方衛生委員會和蘇格蘭約400個委員會做了諮詢工作。

西元1832年,政府成立了皇家委員會,調查濟貧法的執行情況,並對改善工人階級的命運提出建議。這個委員會請求愛德溫·查德威克(Edwin Chadwick)給予幫助,此人是律師兼記者,曾是哲學家、古典經濟學家傑瑞米·邊沁的祕書。他是一位社會改革家,是倫敦大學的建立者之一,還是人類城市公共衛生改革的重要推動者。

西元1838年,英國首次全年登記人口資訊,這一年斑疹傷寒大流行。在倫敦約有1.4萬人患病,其中1,281人死亡。查德威克組織3位醫生調查斑疹傷寒最嚴重的地區後發現,高發病率主要是由骯髒的習慣和醉酒造成的,在生活環境依然惡劣的情況下,窮人無法自我改善。

西元1839年8月,上院催促這3位醫生協助查德威克進行一次全面調查。西元1842年7月9日,他們發表了調查結果,

題目是「對英國勞動人口衛生狀況的調查報告」。這份文件在人類城市公共衛生歷史上有著舉足輕重的地位。

查德威克的報告解釋了一個我們今天稱之為「大城市病」、「貧民窟」的問題。當時，英國工業革命興起，由於工業製造及醫療技術的進步，出生率在短時間內大幅度提高，人口規模快速膨脹，並不斷地湧入城市。西元 1801 － 1851 年，英格蘭和威爾斯的人口從 890 萬人增加到 1,790 萬人。人口急遽增加替城市管理、安全及衛生帶來嚴峻的挑戰。

像倫敦這類大城市不斷擴張到鄉村，但是對於地主、投機建築商和居民來說，城市僅僅是更大的鄉村。當時的工業化城市並沒有建立一套公共衛生體系，源自鄉村最原始的生活方式遷移到了城市。原本在鄉村，隨意丟棄垃圾，將糞便倒入河內，並沒有太大的問題。然而，一旦人口集中到城市，這一原生態的生活方式則對這座城市帶來災難。

當時的倫敦，到處都是冒著濃煙的工廠，布滿糞便的街道，破舊不堪的出租屋，充斥著腐臭味的河流。倫敦的泰晤士河和布里斯托亞芬河汙染嚴重，英國的大工業城市甚至沒有一個讓人放心的飲用水供應。當時有一張著名的漫畫，一個女士拿著顯微鏡看到泰晤士河河水後丟掉了手中的茶杯。顯微鏡下，泰晤士河藏汙納垢，各種噁心的「微生物」讓人驚恐不已。

當時的英國並沒有足夠的應對工業化大城市的經驗。在霍亂傳到英國之前，中央衛生委員會幾乎天天開會，準備那些「他

歷史觀

們認為可能是對付霍亂最有效的條規」。不過,當時的委員會人員並不專業,他們提出的大部分建議都缺乏實用性。

古羅馬人是世界上第一個大規模在城市居住的民族。他們很早就了解到城市公共衛生系統(穩定的供水、整潔的街道以及有效的排水系統)的重要性,否則人聚集一地必死無疑。

西元紀年開始,羅馬城內就有 6 條清潔水管道每日輸送用水;100 年後有 10 條水管每天供應 2.5 億加侖水。公共浴場用去一半的水,剩下的供應給 200 萬居民每天 50 加侖,相當於今天的 200 多升。大約在西元 70 年維斯帕先(Vespasian)皇帝時期,羅馬城內就建造了一座配有大理石便池的建築,要付費使用。這或許是人類最早的公共廁所。

直到西元 1851 年,英國才建造了第一個公廁。為了舉辦倫敦世界博覽會,英國政府在距離海德公園的博覽會附近建造了一個「公共等候室」。這是最早的現代化意義的公廁。當時造價為 680 鎊,「如廁」2 便士一次,一條熱毛巾 4 便士,5 個月內該廁所營收總額為 2,470 鎊。

醫療技術在短時間內消滅大量疾病,增加了人口出生率,延長了人類的壽命,人類大量聚集又催生出新的問題。這種擁擠骯髒的城市就像一個火藥桶,只要燃點夠高,或者外來病菌傳入,一點即著,立即引爆。

查德威克意識到了這一點:「所有的氣味,如果足夠強烈,都會直接導致疾病;最終我們可以說,由於抑制這一觸發系統

會使得機體對其他致命因素的易感性增強，因此可以得出這樣的結論：所有的氣味都意味著疾病。」

查德威克在查閱了來自 533 個區的回饋後，繪製了「衛生地圖」，它清楚地顯示出傳染病與居住擁擠之間的關係。他指出，這種病是由骯髒、擁擠、排水不暢以及供水問題造成的空氣汙染蔓延開的。

他以 8 個區死者的年齡證實他的觀點，說明平均壽命與階層有關：鄉紳 43 歲，商人 30 歲，勞動者只有 22 歲。最後一個數字造成了數量龐大的孤兒、寡婦，所有這些人都必須靠教區救濟資助。養家者早逝，居住過於擁擠以及無人過問迫使孩子們上街行乞、偷竊。疾病使高年齡組階層的人員減少，留下一批「年輕、暴躁、危險的人，這些人易於被無政府主義的謬見欺騙」。

恩格斯在《英國工人階級狀況》（*The Condition of the Working Class in England*）一書中有這麼一段描述：不論走到哪裡，都會碰到「臉色蒼白、身形瘦削、胸部狹小、眼睛凹陷的幽靈」，他們住在一個狗舍不如的房間裡，「在裡面睡，在裡面死」。

大量工人和底層市民集中，這些人群成為疾病入侵的重要對象，也成為社會衝突的集中點。19 世紀，工人運動大規模爆發，無政府主義氾濫，歐洲一度陷入混亂。從根本上講，當時的社會問題、過剩性經濟危機以及各種傳染病，都是技術革命衝擊帶來的。經濟學史上第一代週期理論支持這一主張，也符

歷史觀

合熊彼得（Joseph Schumpeter）的週期理論。

早在伊莉莎白一世（Elizabeth I）時期，英國就發表了濟貧法。英國也是最早實施福利制度的國家。西元1804年，因擔心海運傳播黃熱病，英國成立了衛生委員會，主要職責是執行濟貧法來防控傳染病。在抗擊霍亂期間，英國政府要求地方當局提供護理和藥品，清掃病人住房，銷毀病人的床上用品、衣物和其他用品，填埋陰溝、糞池，減少各種汙物，費用從濟貧稅中支出。

但是，當時經濟學的主流思想是古典主義倡導的「自由放任」，政府並沒有太多的徵稅權以及稅收收入，也沒有足夠的公共財政提供公共福利。皮古的《福利經濟學》（*The Economics of Welfare*）及「皮古稅」還沒問世，政府以及民眾不清楚公共福利的依據是什麼。

因此，當時英國政府並沒有足夠的稅收收入，來提供因人口暴增帶來的大規模公共物品。查德威克曾建議建設中心濟貧院，主張讓病人進醫院，沒有父親的孩子進孤兒院，老人進養老院，健康的無業者進濟貧院，但是原本「老有所依，幼有所養」的完美計畫最終被人唾罵。原因是政府濟貧稅的收入無力支撐這一計畫，同時地方政府管理不善。

不過，查德威克的報告讓西方國家意識到城市公共衛生建設關係人類的生死存亡。受查德威克的影響，美國、德國及其他西方國家開始積極推動城市公共衛生活動。

美國醫學史家菲爾丁・加里森（Fielding Hudson Garrison）寫道：「透過萊繆爾・沙特克（Lemuel Shattuck），可以說是查德威克開始了美國的公共衛生活動，後來還影響了比林斯。」沙特克於西元 1849 年在麻薩諸塞調查城市衛生，開始著手美國的公共衛生體系建設。西元 1889 年，在約翰・肖・比林斯（John Shaw Billings）的推動下，美國成立公共衛生署。受查德威克影響，馬克斯・馮・佩滕科弗（Max von Pettenkofer）設計了慕尼黑城市汙水系統，推動了一系列防治霍亂的有效措施。他也因此成為德國第一位衛生學教授（西元 1859 年）。

英國是第一個試圖對「公共衛生」進行集中控制並對全體國民強制推行衛生法規的國家。由於統一執行開銷過大，這一重任最終交給地方的城市衛生委員會來執行。

西元 1846 年，利物浦是最早通過衛生法案的城市之一，法案授權任命一位市政工程師、一位垃圾監管官和一位衛生醫務官。西元 1847 年 1 月 1 日，利物浦任命威廉・亨利・鄧肯出任英國第一位衛生醫務官。

查德威克聘請了一位顧問協助改善自來水供水系統，提高供水的清潔度和穩定性。另外一位叫約翰・羅的顧問，幫助其處理汙水問題。羅用自我沖刷的狹孔陰溝代替原來的「淤積陰溝」，保證水不停流動，減少沉積物，提高了清潔度。

針對生活汙水排向河道的問題，查德威克設計了「動脈──靜脈系統」，將城市的汙水排向農村用於施肥灌溉，農村的清潔

歷史觀

水輸向城市,這種汙水與淨水對調的辦法後被許多國家所採用。

西元 1848 年 7 月 8 日因查德威克的專斷引發眾怒,他被解除了祕書職務。不過,此時一場新的霍亂越來越氾濫,首相立即要查德威克負責調查倫敦衛生中存在的問題。他寫了一份說明情況嚴重、讓人震驚的報告,這一報告促使英國議會因為害怕而立法。

西元 1848 年 8 月 31 日,議會通過了公共衛生法案(查德威克法案)。

這時霍亂已在愛丁堡出現,12 月傳到倫敦,西元 1849 年 6 月傳遍全國。這次流行比 1931 年那次嚴重得多,倫敦至少有 3 萬人得了霍亂,其中約 1.4 萬人死亡。

這一法案重建了衛生總會,授予地方權力組建自己的衛生委員會。62 個市鎮提出要推行公共衛生法案,並要求說明地方當局應有的權力。總會確保「清除垃圾和預防疾病法」獲得通過,這一法案授予執行者在情況緊急時能夠使用強制權力。這時總會可以下令清理垃圾、打掃街道、替房屋消毒以及設立隔離醫院。查德威克用這些權力招募了一些衛生監督員,增加了濟貧法醫院醫生的數量,還迫使地方當局任命了衛生醫務官。

西元 1856 年 5 月,繼查德威克之後,樞密院任命西蒙(John Simon)為醫務官負責調查衛生問題,在立法前準備相關的報告。西蒙與 16 位年輕醫生展開合作調查。在疾病流行時,他們走訪每個城鎮、每條街道、每幢有病人的房屋,收集了大量關

於霍亂、天花、白喉和斑疹傷寒的資訊。

他們發現，嬰兒死亡率維持在平均每 1,000 人有 150 人死亡的水準，在工人階級中更高，母親做工的尤其高。他們大多生活條件極為惡劣，水被汙染，居住擁擠，妻子缺乏家政教育，衛生狀況很差。

從西元 1817 年開始，幾乎每一次霍亂大流行都來自印度恆河三角洲。醫學家推測，或許與印度恆河傳統沐浴習俗以及糟糕的衛生環境有關。西元 1865 － 1875 年的霍亂，透過一艘從埃及到英國的航船流傳開來，並在地中海沿岸傳播。猜想 9 萬名去麥加的朝聖者中有 3 分之 1 死於該病。

西元 1875 年，議會通過了西蒙起草的《公共衛生法》。這一出色的法律，涉及英國在以後 60 年所進行的大多數衛生改革。西蒙擔任醫務官的 20 年無疑是世界公共衛生史上最有成果的時期。西蒙在 1904 年 88 歲時去世，接受了騎士封號。

針對英國醫生和公眾的一項調查發現，自 1840 年代以來的十五大醫學進展中，衛生措施名列前茅。

05 與死神邊際賽跑

西元 1849 年炎熱的 8 月，居住在倫敦黃金廣場寬街 40 號的李維斯夫婦（湯瑪斯和莎拉）的女嬰病倒了，嘔吐不止，排出綠色水樣便，並發出「刺鼻的氣味」。莎拉絕望地處理煮過的寶

歷史觀

寶尿布，先在桶裡搓，然後把一部分水倒入自家門前地下室的化糞池內。

第二天，他家樓上的鄰居也都生病了；幾天後，附近很多家庭生病，通常都是集體死在了自家黑暗、骯髒的房間裡。10天之內，附近500多位居民死亡，差不多占當地人口的10%。

當地教區委員會趕緊叫約翰·斯諾（John Snow）過來阻止霍亂橫行。斯諾卻給出了出人意料的回答：「把布勞德街抽水機上的手柄卸掉。」

原來，倫敦金色廣場地區的大多數住宅還沒有管道供水，而是依靠「抽水機」供水，布勞德街抽水機是主要取水點。斯諾調查了布勞德街89例死亡的情況，發現除了10人外所有死者都住在抽水機附近並從井中取水。在剩下的10人中5人應該從另一口井取水。

約翰·斯諾，是第一位專業麻醉師，他對霍亂源頭的發現非常關鍵。他認為，霍亂病人的糞便混入了「應用或烹飪用的水中，有時全城人都從河裡取水」；霍亂不是透過不潔空氣傳播的，而是透過一起吃飯和不洗手傳播的。

斯諾在西元1853－1854年霍亂流行時，透過對倫敦兩家大的供水公司的比較驗證了自己的發現。一家公司供應的水使每萬戶有325人死亡，而另一家公司使每萬戶有57人死亡。布勞德街抽水機的原址現在蓋了一家酒館，就以他的名字命名——約翰·斯諾酒館。

統計學家威廉·法爾（William Farr）和倫敦醫務官約翰·西蒙兩位成員，採用了斯諾類似的辦法，查閱了倫敦供水公司的紀錄，比較這些公司服務地區的死亡率。結果讓人吃驚，每萬戶的死亡率高的到 130 人，低的只有 37 人。西元 1849 年，威廉·巴德醫生去布里斯托研究當年的霍亂病例並得出結論：致病體能夠在人的腸道中繁殖，並透過汙染飲用水傳播。他們共同證明了查德威克關於清潔水和汙水處理有助於防治霍亂的觀點，幾乎觸碰到了巴斯德（Louis Pasteur）的細菌理論。

西元 1886 年，法國化學家路易·巴斯德在法國科學院宣讀了題為〈細菌理論及其在科學和外科學的應用〉的論文，提出了細菌理論。

從此，人類對傳染病的防治告別了刀耕火種時代。自 19 世紀末開始，現代醫學進入了跨越式發展的時代。

西元 1883 年，柯霍（Robert Koch）發現了病原菌是霍亂弧菌。

西元 1890 年，萊特（Almroth Wright）和哈夫金（Waldemar Haffkine）研製了霍亂和腸傷寒的疫苗。

西元 1894 年，耶爾森（Alexandre Yersin）發現了鼠疫致病菌。

西元 1895 年，德國物理學家倫琴（Wilhelm Röntgen）發現了 X 光。

西元 1899 年，全球最經典的解熱鎮痛抗炎藥阿斯匹靈誕生。

…………

歷史觀

1980 年代，人類宣布在全球範圍內消滅天花，偉大的基因工程胰島素和 B 肝疫苗分別上市，但幾乎與此同時，一種新型的、致命性的傳染性疾病 —— 愛滋病被發現，震驚醫學界。

到了 20 世紀下半葉，隨著醫療技術的進步尤其是疫苗的使用，人類面臨的主要疾病已經從傳染性疾病轉向非傳染性疾病，癌症、心臟病、阿茲海默症、心血管疾病等成為當今人類的大敵。

如今，全球接近 5,000 萬人患有阿茲海默症，平均每 3 秒新增 1 人。全球類似疾病的患者每 20 年增加一倍，到 2050 年將達到 1.31 億人。在美國 65 歲以上的老年人口中，每 9 人就有 1 名阿茲海默症患者，每 3 位去世的老年人中，就有 1 人曾被診斷為阿茲海默症或類似疾病。

縱觀歷史，我們一直都在跟疾病做抗爭。在與死神的邊際賽跑中，人類很長一段時間都處於下風，一次又一次的瘟疫無情地掠奪了無數人的生命。17 世紀之後，人類摸索到了現代科學的金鑰匙。

現代醫學從此一日千里，人類戰勝了各種疾病，而且碩果纍纍。

自 17 世紀以來，人口增速明顯加快。特別是進入 20 世紀，人口數量呈現爆炸式成長，世紀末比世紀初的人口成長了 3.5 倍，達 61 億人。人類的平均壽命大幅度地提高到了 65 歲左右，且生命品質得到明顯改善。人類成功走出了「馬爾薩斯陷阱」。

那麼，在這場與死神的邊際賽跑中，人類一定勝券在握嗎？

經濟學本質上是探討邊際賽跑的問題。長期以來，經濟學家認為，為了滿足人類無窮的慾望，經濟學要不斷地提高資源邊際使用效率，即不斷革新技術，不斷創新制度，跑在死神之前。

從現代醫療技術進步來看，我們似乎有必勝的把握。實際上，人類在戰勝病毒的不確定性時，技術本身的不確定性同樣可怕。

技術衝擊主要表現為技術本身的演進正規化遵循自然規律，而不是經濟規律、社會規律。

很多時候，最前沿的科學家也不知道何時能夠攻破技術。正如阿茲海默症，最尖端的科學家對此也知之甚少。而技術一旦突破，其帶來的擴散效應，往往是科學家和經濟學家難以預測的。

或許沒有一位醫生、政治家、經濟學家能夠預料到，看似簡單的「洗手」卻能讓產褥熱死亡率大幅度下降。同時可能還存在各種「小技術」（如青黴素的發現）的變革疊加，更加劇了整個社會經濟系統的複雜性。

1934 年費米（Enrico Fermi）發現的放射性元素，並不屬於醫學技術範疇。而現在這項技術用於胰島素與腫瘤的診斷。1942 年的超音波示波、1971 年第一臺電腦斷層攝影以及如今的外科手術機器人，都是其他複雜學科技術突破的結果。這些技術外

歷史觀

溢到醫學領域,從而極大地促進了醫學進步,也改變了人類數量、壽命及生命品質。

技術的不確定性對個人生命預期帶來不確定性。

世界人口預期壽命 1960 年為 52.48 歲,到了 2014 年增加到 71.45 歲。1950、1960 年代出生的人,在那個年代,他們並不知道自己具有如此長的壽命以及如此高的生命品質。

雖然我們了解一個國家的平均壽命,但是對自己的壽命及生命品質無法準確預測。很多人工作 30 年,退休之後依然還有 30 年的高品質生命。這樣容易造成「人活著,錢沒了」的悲劇,這也是當今世界,社保問題如此嚴重的底層原因。

西元 1883 年,德國第一任總理俾斯麥引入了早期的國家衛生保險制度,由雇工和雇主承擔費用。1948 年,英國引入國家醫療服務體系,在「遞送點」提供免費的初級衛生保健和醫院健康保健。日本是第一個提供全民衛生保險的非西方國家,於 1961 年納入醫療保險制度。

當今世界主要國家都已經實施了全面的醫療保險,但是社會保險基金都面臨嚴峻的挑戰。

技術的不確定性與社會思想及倫理的協同存在作用關係。

隨著基因編輯技術的成熟,人類對疾病管控越來越早:已經從患者到成人,從成人到孩子,從孩子到嬰兒,從嬰兒到胎兒,從胎兒到受精卵,從受精卵到精子和卵子。

我們似乎已經完全掌握了主動權，如今科學家只需要修改一個細胞，人類長大之後身體內就有上百兆個細胞帶有這一新的遺傳性狀。從此人類擺脫了自然屬性使我們留下的固定樣式，我們可以對自我身體進行改造。理論上，我們可以根據某些需求和偏好，透過基因編輯來塑造我們的後代。

　　那將是一個怎樣的人類世界呢？

　　很多時候，技術大踏步向前，而人類思想及制度需要很長的時間來適應，抑或是需要調整倫理、價值觀及制度來管理技術，但病毒不會等人類「打盹」。

■ 參考文獻

(1) 阿克塞爾·貝什，帕特里克·貝什，讓·阿梅森，等，西醫的故事 [M]，閆素偉譯，2015.

(2) 弗雷德里克·F·卡特賴特，疾病改變歷史 [M]，陳仲丹譯，2017.

(3) 瑪麗·道布森，醫學圖文史（一）[M]，蘇靜靜譯，2016.

(4) 瑪麗·道布森，醫學圖文史（二）[M]，蘇靜靜譯，2016.

(5) 王立銘，上帝的手術刀 [M]，2017.

(6) 馬爾薩斯，人口原理 [M]，楊菊華，杜聲紅譯，2018.

(7) 賈曉峰，醫學簡史 [R]，2016.

歷史觀

當初二戰能否避免？

1919年1月正在巴黎和會上談判的凱因斯向母親寫信說：「《凡爾賽和約》太離譜，根本做不到，只會帶來不幸……我想，我已經成了這一切邪惡與愚昧的幫凶了，但現在它很快就會有個了斷。」

凱因斯因不贊同《凡爾賽和約》嚴懲德國而辭去了和會英國代表一職。在和約簽署幾個月後，凱因斯出版了《凡爾賽和約的經濟後果》，預言試圖讓德國永遠臣服於腳下，勢必掀起另一場導致世界衝突的「歐洲內戰」。

不幸的是，20年後，凱因斯一語成讖，沉重賠款、瓜分領土及惡性通膨誘發了極端民族主義，納粹黨魁希特勒領導德軍閃襲波蘭，發動了第二次世界大戰。

不過，越來越多歷史學家認為，沒有足夠的證據表示希特勒在入侵波蘭時試圖發動一場歐洲內戰或世界大戰。與日本軍國主義的戰爭計畫不同，希特勒只準備發動一場蓄謀已久的區域戰爭。

那麼局勢是如何失控的？

英國當代著名的歷史學家李察・奧弗里（Richard Overy）在其《二戰爆發前十天》（*1939: Countdown to War*）中指出，英法德波等國一系列糟糕的外交操作、誤判局勢及盲目試探底線，

最終將一場區域戰爭推向了世界大戰。這一觀點有別於唯物主義者的「歷史必然性」論斷。

本節依據李察·奧弗里在《二戰爆發前十天》中記錄的事件與線索，結合美國作家威廉·夏伊勒（William L. Shirer）在《第三帝國興亡史》（*The Rise and Fall of the Third Reich: A History of Nazi Germany*）中記錄的部分史料，探索歷史人物的僥倖與誤判是如何引發世界性災難的。

01 張伯倫誤導

1939 年 9 月 1 日上午 4 點 45 分，德國訓練船「石勒蘇益格——荷爾斯泰因」號駛離波蘭但澤港，向維斯特布拉德半島的波蘭要塞開火，打響了第二次世界大戰的第一槍。

開火 15 分鐘後，納粹黨人艾伯特·福斯特（Albert Forster）就透過廣播電臺宣布德意志第三帝國占領了但澤。

為什麼是波蘭？為什麼是但澤？

一戰後，英法美嚴懲德國，使得德國喪失了 13.5％ 的領土。協約國根據《凡爾賽和約》在德國東部建立了一個新的國家——波蘭。部分德國領土劃入波蘭，波蘭獲得了直通海洋的陸路走廊。

協約國將但澤列入自由港口，並由國際聯盟接管，經濟收入劃入波蘭。

歷史觀

但是，德國人一直認為但澤市是德國領土，該市96％的居民皆為德國人。所以，但澤問題頗為敏感，被認為是「波德關係的晴雨表」。希特勒上臺後，但澤納粹黨贏得了該市議會的多數席位，組建了市政府，試圖讓但澤重回德國。

當然，希特勒發動對波蘭的戰爭並非為了但澤，而是「向東擴大生存空間」。早在德皇一世時代，俾斯麥發動三次王朝戰爭旨在拓展德國在中歐的生存空間。不過，俾斯麥主張「有限空間」。後來，輕浮的德皇二世突破了俾斯麥的空間界限。

希特勒時代，納粹黨鼓吹「生存空間」。波蘭不僅控制了但澤，還控制了西普魯士的陸路走廊以及西利西亞工業區。對波蘭的戰爭意在吞併波蘭，向東擴大生存空間。日本軍國主義發動侵略戰爭，可謂蓄謀已久、計劃周詳。但是，德國不同，沒有足夠的歷史證據顯示希特勒在發動德波戰爭時蓄意發動世界大戰。二戰後的紐倫堡審訊時，德國高階軍官均堅持這一說法。

那麼，為什麼希特勒膽敢突破《凡爾賽和約》？

兩點很關鍵：

一是《蘇德互不侵犯條約》。

史達林對歐洲衝突的態度保持中立，但是在波蘭問題上存有企圖。因為早在1920年，十月革命後的蘇維埃政權，率紅軍入侵正處在襁褓之中的波蘭。後者反敗為勝，最終控制了蘇聯的部分領土。所以，史達林接受希特勒的邀請，試圖從德波戰

爭中分一杯羹。

《蘇德互不侵犯條約》的簽署給希特勒極大的信心。蘇德聯盟建立，希特勒更加相信英法不會貿然軍事介入波蘭。這一條約簽署一個星期後，希特勒便對波蘭發動了戰爭。

二是張伯倫綏靖政策的誤導。

為何1930年代歐洲盛行綏靖主義思想？

最為直接的影響或許是一戰的深重災難。一戰後，歐洲人渴望和平，極力避免第二次歐戰。但是，英法美俄並未建立一個和平穩定的國際秩序。正如凱因斯在《凡爾賽和約的經濟後果》中預言的那樣，以嚴懲和瓜分德國為目的巴黎和會，激起了新一輪的世界紛爭。換言之，德國發動戰爭是一戰後糟糕的國際秩序安排的結果。

失敗的國際秩序的後果是，世界和平只能寄託在危險的國家競爭及政治手段之上。

包括張伯倫（Neville Chamberlain）在內的眾多英國保守黨人實際上認同凱因斯的判斷。他們對德國民族主義情緒保持了一定的寬容與同情。在慕尼黑會議上，英法對希特勒的妥協，被認為是對《凡爾賽和約》的修正。這恰恰是張伯倫向希特勒釋放的最大誤導。

同時，英法對波蘭的態度也縱容了希特勒。

二戰時，波蘭對德國的抵抗固然是堅決的，但是波蘭在避

> 歷史觀

免這場戰爭中做出的國家策略是愚蠢的。在德蘇夾縫中，波蘭艱難生存，也試圖拓展生存空間。波蘭分別與蘇聯、德國簽署了互不侵犯條約，期望擴大對黑海及烏克蘭的滲透，企圖與德國共同分裂捷克斯洛伐克，從而主宰斯洛伐克。波蘭的不可控性，讓其似乎游離於英法的保護之外，希特勒才勇於摘瓜。

1939年1月開始，德波關係突然惡化，希特勒要求波蘭外交部長約瑟夫・貝克（Józef Beck）將但澤併入德國。3月，貝克拒絕了柏林談判，並在外交部會議上宣布抗爭到底。第二天，希特勒命令德國軍隊制定了一份對波蘭的作戰計畫。

3月31日，英國首相張伯倫在國會上宣布，英國將確保波蘭的獨立。緊接著英法啟動軍方會談，開始徵兵，準備對德國進行為期3年的戰爭。

5月5日，英國外交大臣向內閣遞交了一份關於但澤問題的報告，指出德國旨在吞併但澤進而主宰歐洲。

但是，英法不想直接幫助不受控的波蘭壯大軍事力量。四、五月，波蘭向英法請求貸款、武器及原材料支援，均遭到拒絕。

希特勒也由此認定，德國孤立波蘭的策略成功，只要將戰爭控制在區域戰爭範圍內，英法不會直接介入。5月23日，希特勒告誡他的軍事將領們：「我們的任務就是要孤立波蘭，對波蘭的孤立能否成功是行動的關鍵……絕對不能同時與西方其他國家發生衝突。」

為了安撫英國，狂躁的希特勒表現出難得的冷靜，他向英駐德大使承諾，可以與英國結盟，「還願意保證不論英帝國在哪方面需要援助，德國都將給予援助」。但是，這一承諾履行的前提是德國先解決波蘭問題。

就在《蘇德互不侵犯條約》簽署的 8 月 24 日，希特勒就下達了作戰命令。第一批德軍已向波德邊境集結，快速進入預定位置。

「石勒蘇益格 —— 荷爾斯泰因」號以友好訪問之名埋伏進入了但澤港，以在兩天後發動奇襲。所以，這場戰爭爆發原定時間點是 1939 年 8 月 26 日上午 4 點 30 分。然而，25 日晚上 7 點 30 分，希特勒卻突然取消了作戰命令。

希特勒為什麼突然這麼做？

在《蘇德互不侵犯條約》簽署時，英國首相張伯倫對希特勒發出警告，重申了保衛波蘭的諾言，「德國政府不應對此有任何僥倖心理」。張伯倫組織成立了作戰部門，其中邱吉爾進入了作戰內閣。

緊接著也就是 25 日，英國與波蘭簽署了《英波互助條約》。該條約措辭含糊，但已表達若波蘭遭到德國入侵，英國必須提供「能力範圍內的支持和援助」。

條約簽署的消息在當天確實震懾了希特勒。戰後，德國空軍負責人赫爾曼‧戈林（Hermann Göring）在一次審訊時證實了

歷史觀

這一說法。戈林說：「就在英國向波蘭正式提出保證的那一天，元首打電話告訴我，他已經下令停止執行進攻波蘭的預定計畫。我問他這是暫時的還是永久的。他說，『不是永久的，我必須看一看能不能避免英國方面的干預』。」

25日的歐洲充滿著緊張、焦躁不安的氣氛，所有人都抱著宿命論等待即將、隨時打響的戰爭。張伯倫密切關注希特勒對《英波互助條約》的反應。

然而，第二天，即26日，歐洲風平浪靜。

張伯倫從外交大臣那裡得到希特勒取消了作戰命令的消息。當天，唐寧街10號開會討論，多數人認為，希特勒忌憚於英國。英國外交部官員威廉・史壯（William Strang）說：「我認為，只要我們態度堅定不移（非挑釁的堅定），波蘭人的態度謹慎溫和，和平依然還是有可能的。」

不過，希特勒的猶豫給了英國人錯覺。

02 希特勒誤判

從取消作戰命令後到開戰之前的5天時間，希特勒確實著手與英國重啟談判，他需要確認英國對波蘭問題的最終態度。

這時，英國外交部對希特勒的措辭顯得強硬許多：「我們準備好了參戰，除非他（希特勒）準備好談談條件。」同時，英國戰爭部已在做戰爭動員，調動防衛部隊及野戰部隊，倫敦的博

物館緊急遷移，大規模撤僑。

在戰爭爆發前的最後時刻，英國的強勢讓希特勒頗為不安。英國人希望以此逼迫希特勒妥協與和談。但這時英國人犯了一個致命的錯誤。英國人認為，保持戰爭及政治高壓，可能導致希特勒政權崩潰。

以德國陸軍總參謀長路德維希・貝克（Ludwig Beck）為代表的保守黨與希特勒政見不合，就在一年前他率領全體陸軍高級將領集體抵制希特勒入侵捷克斯洛伐克。到戰爭後期的1944年，貝克還組織刺殺希特勒，但未遂，遭後者處決。

英國人希望貝克如法炮製，像1938年抵制希特勒入侵捷克斯洛伐克一樣阻止這場戰爭。他們甚至渴望最好的結局，即貝克或德國空軍負責人赫爾曼・戈林元帥乘機發動政變，推翻希特勒政權。

其中一位保守派高官、最高統帥部負責戰爭經濟和軍備的少將，他向希特勒遞交了一份經濟與軍事力量對比備忘錄，希望元首懸崖勒馬。備忘錄顯示，若與美英法爆發世界大戰，德國在資源、經濟力量及軍力上都處於下風。

參謀長在8月27日向希特勒彙報了這一備忘錄。後來少將回憶，希特勒看過備忘錄後表示，「對世界大戰的危險」一點都不擔心。因為他相信，自德國與蘇聯結盟後，德國對波蘭的戰爭只會是區域戰爭。

歷史觀

為什麼保守黨不在最後時刻推翻希特勒政權，以避免這場世界性災難？

這個問題曾經出現在二戰後的紐倫堡國際軍事法庭上。保守黨成員的回答令不少人感到驚訝，包括貝克、哈爾德（Franz Halder）在內的眾多高官在德波戰爭之前認為，「希特勒是絕不會打世界大戰的」，因此他們無須設法推翻他。

甚至，德國外交部長里賓特洛甫（Joachim von Ribbentrop）的國務祕書在 27 日的日記中寫道：「希特勒始終致力於發動一場區域戰爭。」

德國保守黨和英國政要普遍盲信，希特勒最終會屈服，無非重啟慕尼黑會議。反戰派成員漢斯‧吉澤菲烏斯（Hans Bernd Gisevius）在其回憶錄中寫道：「每個人都確信，為期一週的談判即將開始。」

29 日，英國駐德國情報人員發回來的消息是：「自從進軍萊茵蘭以來，此時希特勒在德國的聲望已經達到了歷史最低點。」30 日，英國外交部收到的情報稱：「總理（希特勒）的態度在軟化，要繼續堅持，絕不妥協。」

其實，上次保守黨反戰讓希特勒顏面掃地，如今突然取消作戰命令，讓其備受質疑。如果希特勒再次妥協，希特勒政權反而可能被國內強大的民族主義勢力所拋棄，保守派進而得逞。

希特勒決意發動戰爭，但為何在最後時刻又願意接受和談？

為戰爭做更加充分的準備嗎？這一因素可以排除，希特勒原計劃在 26 日發起進攻，如今已箭在弦上。更可信的理由是，希特勒在最後確認英國是否會出兵援助波蘭。這將決定這場戰爭是區域戰爭還是世界大戰，也將決定德國最終的勝敗。

在這千鈞一髮的時刻，一位著名的瑞典商人成為左右局勢的重要人物，他就是比爾格‧達勒魯斯（Birger Dahlerus）。達勒魯斯是德國空軍負責人戈林的好友，他一直扮演和平使者的角色，試圖避免第二次世界大戰。

25 日瑞典商人達勒魯斯向英國外交大臣哈利法克斯伯爵（Edward Wood, 1st Earl of Halifax）表示，願意調解英德矛盾。哈利法克斯伯爵以官方正在談判為由，拒絕了他的協助。但官方的談判沒有實質性進展。

次日，即 26 日，哈利法克斯伯爵同意達勒魯斯以私人名義從中斡旋。達勒魯斯寫了一封信給德國空軍負責人戈林，表達了英國阻止戰爭的決心。這封信經戈林直接遞交到了希特勒手上。達勒魯斯後來回憶，希特勒看到這封信後對英國抱怨，「多次努力敦促推展與唐寧街的合作，但徒勞無益」。

之後幾天，達勒魯斯化身為信使來回在柏林與倫敦之間穿梭，張伯倫和希特勒都清楚地表達了各自的底線。

李察‧奧弗里認為：「他（達勒魯斯）是個非常規的使者，他的參與基本上只是把事情搞得更糟。」

歷史觀

為什麼？

因為達勒魯斯的積極斡旋造成了兩個糟糕的錯覺：

一是，戈林對英國開放、和平的態度，讓英國人誤以為德國高層已經分裂，戈林有機會取代希特勒。戰爭爆發的前一天，即 8 月 31 日，德國成立了帝國國防委員會，戈林擔任主席。英國人更加堅定了戈林發動政變的判斷。

二是，這也是最糟糕的，官方的談判被達勒魯斯的私人斡旋替代，讓希特勒誤以為，英國已黔驢技窮、畏懼參戰，對波蘭的支持立場不夠堅定。

所以，達勒魯斯的加入，讓希特勒達到了談判的目的，即確認英國不會出兵。很可惜，希特勒誤判了英國人的底線。

8 月 29 日晚上 7 點 15 分，希特勒當面給了英駐德大使最後的答覆。後者發現，希特勒的態度與前兩天已完全不同。德國要求波蘭將但澤和整個波蘭走廊的領土劃給德國，並讓蘇聯參與解決波蘭問題。同時，要求波蘭政府明日派代表前來簽約。

這不是和平的答覆，而是「最後通牒」。

30 日，雙方做了一些無謂的掙扎。英駐德大使與德國外長里賓特洛甫差點拳腳相向。波蘭駐德大使向里賓特洛甫確認是否還有談判餘地，但遭到拒絕。當天晚上，柏林與華沙之間的電話通訊被切斷。

31 日，希特勒下達了「第一號作戰令」。希特勒的宣傳部長、

「納粹喉舌」戈培爾（Joseph Goebbels）在當天的日記中寫道，戈林向他抱怨，戰爭可能擴大化。戈培爾在最後時刻向希特勒表達了這種擔心，但希特勒對陸軍總司令布勞齊區（Walther von Brauchitsch）、凱特爾（Wilhelm Keitel）元帥等保證「英國不會干預」、「戰爭局部化」。

《「白色方案」指令》已經明確指出，政治當局認為自己的任務是：在上述情況下必須盡可能地使波蘭孤立，即把戰爭局限在與波蘭之間。

03 歷史性誤會

9月1日戰爭爆發的當天，希特勒在柏林克羅爾歌劇院發表了演講。他稱：「但澤，無論是過去還是現在，都是德國的城市；波蘭走廊，無論是過去還是現在，也都是德國的領土。」

開戰的消息傳到英國，張伯倫發表了演講：「為了終結希特勒的這種瘋狂，從現在開始，除了以暴制暴，我們別無選擇。」張伯倫發出了戰爭總動員令，在議會宣讀了發給柏林的電報，即對德國的「最後通牒」。

希特勒一直密切地關注英國人的反應，不確定這份電報是否為「最後通牒」。令希特勒抱有幻想的是，戰爭爆發後，英法都沒立即宣戰，他正在等待慕尼黑會議的更新版。

當時，法國人希望多一、兩天時間撤離邊境的居民。英國

歷史觀

正請義大利的墨索里尼（Benito Mussolini）出面做最後的協調。同時，張伯倫需要時間說服議會通過戰爭緊急法案。

其實，人們容易忽略的是，法國總理達拉第（Édouard Daladier）、英國首相張伯倫、外交大臣哈利法克斯伯爵，這些綏靖主義者、和平主義者，這時已經成為堅定地發動世界大戰的政治人物。他們試圖用後一種極端的行為掩蓋之前綏靖主義犯下的錯誤。這種轉變既是在拯救他們的政治生涯，也是在拯救他們的國家。

9月3日上午11點15分，英國首相張伯倫透過BBC向英國人宣布對德國宣戰。張伯倫說：「我長期以來為和平所做的努力全都徒勞無益，你可以想像這於我而言是多麼沉重的打擊。」這一宣戰演講多少浸染著張伯倫個人的悲情色彩。

張伯倫一直為阻止這場戰爭而煎熬，宣戰後他反而釋懷了。當天晚上，他終於睡了一個好覺。

但是，希特勒失算了。他低估了英法對德宣戰的決心。

3日早上5點，希特勒就收到英駐德大使送來的真正的最後通牒。當希特勒的首席翻譯保羅・施密特（Paul-Otto Schmidt）唸完這份最後通牒後，總理府裡一片死寂，希特勒及一眾高官、將領不知所措。施密特在回憶錄中寫道，希特勒靜靜地坐在那裡，然後用凶狠的表情看著里賓特洛甫，問道：「現在怎麼辦？」

1日發動對波蘭的戰爭，到3日英法對德宣戰，短短兩天時間，希特勒所謂的「區域戰爭」已經演變為歐洲戰爭。

　　3日晚上，希特勒前往德波邊境前，他安慰宣傳部長戈培爾，英法不敢發動真正的戰爭，只是想打一場「卡洛夫克利格」式的戰爭（經濟封鎖的戰爭）。

　　當聽到英國宣戰後，德國海軍總司令埃里希·雷德爾（Erich Raeder）感到無比悲觀：「元首以前言之鑿鑿地說，在1944年之前，我們不需要預備英國會宣戰。」

　　從德國海軍部署可以看出，希特勒並沒有打算與英國作戰，至少短期幾年內沒有考慮過與英國海軍交火。日本為了吞併亞洲，蓄謀已久，戰前便製造了10艘航空母艦。而德國沒有製造一艘航母，只使用潛艇等防禦性、偷襲性武器。戰爭爆發後，捉襟見肘的海軍元帥鄧尼茲（Karl Dönitz）只能發起「狼群戰術」，運用潛艇奇襲盟軍艦艇、商船。

　　但是在雷德爾看來，海軍行動「無非就是展示出知曉如何勇敢赴死」。

　　英法宣戰後，除了波蘭，整個歐洲都異常平靜。這是一種可怕的平靜。英國人、法國人似乎不用再糾結、爭吵，一心平靜地等待戰爭打響。美國小羅斯福總統重申了中立立場。波蘭則兵敗如山倒，德軍短短幾日便控制了但澤和波蘭走廊。

　　9月17日，蘇軍入侵波蘭，與德軍共同瓜分波蘭領土，建

歷史觀

立所謂的「東方戰線」。短短一個月，波蘭亡國。

英法雖然向德國宣戰，但並未給予節節敗退的波蘭軍隊實質性的支持。英法到底是否履行了保護波蘭的承諾？史學家對此爭議較大。

其實，真正導致波蘭戰爭擴大為世界大戰的，並非英法履行對波蘭的保護承諾，而是英法德對波蘭戰爭的定性。

在德國人看來，波蘭戰爭具有道德正義性。波蘭與俄國、普魯士的糾紛由來已久。早在18世紀後期，普魯士、俄國、奧地利帝國3次瓜分波蘭領土，導致波蘭亡國。波蘭在歐洲地圖上消失123年後，透過《凡爾賽和約》再次建立。

但是，德國人早已無視波蘭的存在，認為波蘭是《凡爾賽和約》的私生子。希特勒認為，發動波蘭戰爭，奪回原本屬於德國的但澤與波蘭走廊，是具有正義性的。

甚至在希特勒看來，英法對德宣戰反而缺乏正義性。希特勒在其發表的《第一號作戰令》中寫道：「在西線，重要的是，讓英國和法國單方面承擔首開戰亂的責任。」

但是，英法認為，波蘭戰爭是希特勒吞併歐洲的開始，他們試圖遏制希特勒像當年的德皇二世一樣發動世界大戰。

就在《蘇德互不侵犯條約》簽署的當天，張伯倫以個人名義向希特勒寫了一封信，他將希特勒可能發動的戰爭類比為一戰：「要是英王陛下政府在1914年把立場表示得更明確一些，那場

重大的災難就可能不致發生⋯⋯這次英王陛下政府決心不再讓這種悲劇性的誤解重演。」

所以，英法當時無暇顧及波蘭亡國，英法軍隊首要任務是防禦德軍入侵，法軍將重兵部署在馬其諾防線。

這是不是一次歷史性的誤會？

「歷史必然性」觀點不支持這一主張。希特勒作為獨裁者，國家主義、軍國主義的德國，與英法美自由世界似乎終有一戰。納粹德國存在極大的不穩定因素，如糟糕的國際秩序、經濟國家主義、極端民族主義、納粹黨政府及脆弱的貿易關係。

德波戰爭或許是《凡爾賽協議》的必然結果，或者是一戰的延伸。但從德波戰爭到第二次世界大戰，其中有不少政治人物僥倖與誤判的因素。即使英法未宣戰，僥倖與誤判或許會繼續引誘這位獨裁者在德波戰爭若干年後發動歐洲內戰。

邱吉爾是綏靖政策的堅決反對者，他曾在慕尼黑會議後稱：「我們已經遭到一次完全、徹底的失敗。」戰爭進入第二年，在議會的壓力下，張伯倫辭職，提議邱吉爾組閣。與張伯倫不同，邱吉爾有著堅強的意志及勝利的信念。

很多人假設，如果戰爭爆發前邱吉爾取代了張伯倫，這位富有遠見的策略家能否遏制希特勒的野心，二戰能否避免？

1946年3月5日，邱吉爾在美國富爾頓市威斯敏斯特學院發表了富有爭議的鐵幕演說。人類剛剛告別了二戰，又迎來了

歷史觀

近半個世紀的冷戰……

　　透過歷史必然性，洞悉歷史人物在當時的每一個抉擇，我們才能更加深刻地感受到歷史演變的複雜性與現實走向的不確定性 —— 關鍵人物的僥倖與誤判，或是戰爭爆發、加速、擴大的重要影響因素。

■ 參考文獻

(1) 尼古拉斯・韋普肖特, 哈耶克大戰凱因斯 [M], 閻佳譯, 2013.

(2) 凱因斯, 和約的經濟後果 [M], 張軍, 賈曉屹譯, 2008.

(3) 李察・奧弗里, 二戰爆發前十天 [M], 吳奕俊譯, 2019.

(4) 威廉・夏伊勒, 第三帝國的興亡 [M], 董樂山等譯, 2020.

大家治學

治學,「博學之,審問之,慎思之,明辨之,篤行之」。

觀大家治學,如晨鐘暮鼓、拂塵之音,往往雄渾悠遠、激盪人心。

相對其他學科的學者,經濟學家們往往更有趣、入世。他們關注一個麵包、一棵橘樹的價格變動,也痴迷於絲絲入扣、一絲不苟的邏輯推演。

走近經濟學家,觸碰樂觀、理性的人性之光。

哈耶克：烏托邦的掘墓人

1974 年，歐美世界正在爆發惡性通膨。記者問哈耶克：「我好奇的是，你是怎麼看到自由在我們這個時代或在未來的前景的？」

哈耶克回答說：「我曾經預言，通貨膨脹將會導致所有西方國家實行對價格的控制，從而演變為計畫經濟。沒有人膽敢終止通貨膨脹政策，因為不做通貨膨脹，就不可避免地會導致失業……他們會透過控制價格來控制通貨膨脹，當然，這就意味著市場體系的終結，意味著自由的政治秩序的終結。」

哈耶克的生命，幾乎貫穿了整個 20 世紀，他目睹或親歷了這個世紀發生的所有大事。哈耶克的名聲也因 20 世紀的思想浪潮而跌宕起伏。「昨天的異類是明天的教父」，哈耶克似乎成了每一個時代思想市場的晴雨表。

重讀哈耶克，重審大時代，本節回顧哈耶克生平及其思想。

01 黃金時代

19 世紀末、20 世紀初，是維也納的黃金時代。

對於此時的維也納，褚威格（Stefan Zweig）在《昨日的世界》（*Die Welt von Gestern: Erinnerungen eines Europäer*）中有著

哈耶克：烏托邦的掘墓人

這樣的描述：歐洲的文化潮流都聚集在這裡，這座音樂之都博採眾長，將各類型的人才都吸引到自己的身邊，把一切擁有極大差異的文化熔為一爐。這座城市的每個市民都在不知不覺中被培養成超民族主義者、世界主義者和世界公民。

弗里德里希‧奧古斯特‧馮‧哈耶克就誕生在這個年代。西元 1899 年，他出生在維也納的哈耶克家族。

在奧匈帝國，「馮」是貴族中的第二等級。哈耶克家族與王室貴族有淵源，哈耶克的父親、母親都出生在當地的貴族家庭裡。

哈耶克父親是技術官員，對植物學很有研究，祖父古斯塔夫‧馮‧哈耶克（Gustav von Hayek）也是一個生物學家。外祖父弗朗茲‧馮‧尤拉舍克（Franz von Juraschek）在當地屬最富裕階層，他還是奧地利的經濟學家，與奧地利經濟學派第二代傳人博姆-巴維克是好朋友。

上學期間，哈耶克的成績並不好。除了生物，拉丁語、希臘語和數學都常常不及格。不過他熱愛閱讀，經常沉浸在黃金時代的書籍天堂裡。

在哈耶克 15 歲時，黃金時代戛然而止，一戰爆發了。戰爭改變了歐洲大陸的一切，原本的自由流通、繁榮思想在炮火中灰飛煙滅。

「戰前我享受過最高度最完整的自由，可戰後卻嘗到了數世

紀以來最大的不自由。」褚威格這樣說。

不過，當時的哈耶克並不清楚戰爭意味著什麼。他在年滿18歲時如願參軍，被派往義大利前線。1918年，奧匈帝國戰敗，統治了奧匈帝國640年的哈布斯堡王朝覆滅。新生的奧地利共和國卻脆弱不堪，維也納的經濟千瘡百孔，物價崩潰，貴族封號被取締。

經歷了政治的幻滅和家國的興亡，德意志、奧地利及歐洲大陸的知識分子對資本主義產生了懷疑，經典社會主義學說對眾多年輕人產生了強大吸引力。距離維也納很近的布達佩斯甚至建立了壽命達幾個月的共產主義政府。在此之前的1917年，蘇維埃革命爆發，蘇聯也成立了第一個社會主義國家。

哈耶克也開始對經典社會主義產生了嚮往，但也在此時，哈耶克進入了維也納大學學習。在這裡，哈耶克遇見了他的授業恩師維塞爾（Friedrich von Wieser）和米塞斯。進入維也納大學的第一年，哈耶克感覺這裡的經濟學系「死氣沉沉」。此時，博姆-巴維克剛剛去世，維塞爾前往政府部門任職，經濟學系裡少有大師坐鎮。

雖然王朝覆滅，但維也納大學此時尚且維持著學術繁榮的餘暉，也保持著自由學風。維也納大學鼓勵學生自由探索學術方向，授課以講座方式進行，除了三項考試，沒有其他測驗，也很少有書面作業。

在動盪的戰爭年代，許多學者湧入了維也納大學。哈耶克

參加了各式各樣的講座,旁聽各式各樣的課程,不斷學習新專業的知識。法律、政治經濟學、心理學,是哈耶克此時的學習重點,奠定了他日後的學術方向——前期經濟學,後期政治哲學。

改變哈耶克學術思想的正是米塞斯以及米塞斯與朗格(Oskar Ryszard Lange)關於社會主義經濟計算的論戰。這轉變了哈耶克對經典社會主義的觀念,開始了一生的「戰鬥」。

1921 年,哈耶克拿到了博士學位,需要找一份養活自己的工作。在維塞爾的推薦下,哈耶克前去拜訪米塞斯,開啟了與米塞斯終生的友誼。

米塞斯在 1906 年也曾獲得維也納大學法律博士學位,參加過博姆-巴維克的講習班。1913－1934 年,米塞斯一直在維也納大學擔任編外講師,同時擔任奧地利商會經濟學家、奧地利政府的首席經濟顧問。

作為哈耶克的導師,維塞爾向米塞斯寫了推薦信,形容哈耶克是一位「前途無量的經濟學家」。這時,米塞斯已經略有名氣,但性格上是一個固執、好鬥的人。對這封信,米塞斯的態度是:既然如此,為何我從來沒有在自己的課堂上見過他?

不過,當接見哈耶克且經過一番交談後,米塞斯對哈耶克的學術能力有了一些肯定。當時,維也納成立了一個臨時性機構「清償局」,米塞斯以商業部代表的身分在那工作。米塞斯幫助哈耶克在此處謀得了一個職位。

在維也納期間，米塞斯也延續著參加講習班的習慣。這些私人講習班聚集了眾多學者，對哈耶克的思想啟發很重要。米塞斯討論的兩大問題對哈耶克影響深遠：一是社會主義經濟計算，二是社會科學的方法論問題（米塞斯的《經濟科學的最終基礎：一篇關於方法的論文》〔The Ultimate Foundations of Economic Science: An Essay on Method〕）。

一戰後，奧地利政府通過了國有化法案。傳統自由主義遭遇休克，經典社會主義成為明燈，要求國家干預的言論盛行。原有的秩序遭受挑戰，米塞斯是堅定站出來維護古典自由主義的那一批人。

1920 年，米塞斯發表了《社會主義國家的經濟計算》。文章從價格計算的角度闡明：「一個沒有私有財產、沒有價格的國家不可能做出有效率的經濟決策。」受此衝擊，哈耶克徹底轉變為一名自由主義者。這篇文章還啟發哈耶克後期提出價格資訊理論。

米塞斯影響哈耶克的另一領域，是他強調終極知識源於內心的「先驗」方法論。這也是奧地利學派所主張的方法論，他們認為，知識是內在的、既定的，經驗發現不能駁倒理論。當然，後來到英國，哈耶克的方法論受到了蘇格蘭經驗主義和波普爾（Karl Popper）的證偽主義的影響。

1923 年，在米塞斯的推薦下，哈耶克前往美國紐約大學擔任助理。這段遊學經歷十分窘迫，哈耶克到達紐約時，口袋裡只

剩下 25 美元。無奈之下，他甚至做好了去餐廳刷盤子的準備。還好，他最終聯絡到了紐約大學教授精琪（Jeremiah Jenks）。在美國做助理期間，哈耶克研究貨幣政策和商業波動的方向，這幫助他完成了商業週期理論。

哈耶克商業週期理論泉源是米塞斯，實際觀察來自美國。米塞斯十分反對政府干預經濟，他提出增加貨幣供應會導致生產結構扭曲。1920 年代的美國，進入了咆哮時代，經濟飛速成長。但是，哈耶克觀察到，這種經濟成長來自信貸過度擴張，是不可持續的。

哈耶克在米塞斯的基礎上，融入維克塞爾的「累積過程理論」和博姆-巴維克的「迂迴生產」理論。他認為，一旦央行干預經濟，增加貨幣供給後，會影響銀行利率，與自然利率發生偏差。銀行壓低利率後，信用擴張，從而會給企業家一種誤判，進而擴大生產，加大對未來的投資，從生產消費品到加強資本投入，但一段時間後，企業家發現實際的購買力根本不足以支撐擴大化生產，經濟繁榮則難以為繼，進而出現經濟危機。

1924 年，哈耶克返回維也納。受到美國研究所的影響，哈耶克回到奧地利後也計劃組建研究所，米塞斯為哈耶克尋找資助人。

1927 年，哈耶克創辦了奧地利商業週期研究中心並擔任所長，米塞斯則擔任副理事長。

1929 年，哈耶克把對商業週期的研究成果寫成了論文〈貨

幣理論與商業週期〉。同年，他獲得了維也納大學經濟學的編外講師職位。這是哈耶克的第一篇專著，僅憑這一成果，哈耶克就可以在經濟學歷史上獲得一席之地。而且在當下，哈耶克的商業週期理論越發重要。

02 反烏托邦

1928 年，羅賓斯邀請哈耶克來倫敦參加會議。在會上，哈耶克有備而來，與凱因斯紳士「對決」。

其實哈耶克對於凱因斯從無敵意，早在凱因斯發表《凡爾賽和約的經濟後果》後，哈耶克稱讚凱因斯是奧地利人的「大英雄」。而且當時，凱因斯已名滿天下，哈耶克只是一位「迷弟」。

不過，羅賓斯有心插柳，預設擂臺，哈耶克迎難而上。當時的羅賓斯，是倫敦政治經濟學院最年輕的教授，又受到主管的器重。

他十分希望能夠將公眾的眼光轉移到倫敦，讓年輕的倫敦政治經濟學院與歐洲經濟學學術中心劍橋大學分庭抗禮。而當時最好的機會無疑是挑戰風頭正勁且頗具爭議的劍橋凱因斯。

一戰後，英國經濟陷入持續蕭條。凱因斯批評政府政策，與馬歇爾經濟學決裂，提出政府投資、消費拉動等干預主張。他在廣播裡鼓動婦女出去消費，促進經濟恢復。羅賓斯、皮古等經濟學家皆反對凱因斯，羅凱二人還曾一同共事，最終不歡

而散。一個偶然的機會，羅賓斯發現了哈耶克撰寫的一篇文章〈儲蓄「悖論」〉。他認為，這篇文章的觀點恰好能夠反駁凱因斯。

於是，羅賓斯邀請哈耶克前來英國演講，首場講座便在劍橋學院的大本營舉辦。不過由於哈耶克蹩腳的英語和冷門的奧地利派理論，現場的反應相當冷淡，沒有討論聲，也沒有觀眾發起提問。當時，只有凱因斯最親密的門徒理察・卡恩（Richard Ferdinand Kahn），站起來發問哈耶克：「你的意思是說，假如我明天上街買一件新外套，失業率會因此增加？」

哈耶克點頭說，是的。但他繼而表示，這需要更長的時間進行數學論證。隨後，哈耶克就「物價與生產」的話題在倫敦發表了 4 次演講，基本是在陳述其商業週期理論。他認為，擴張信貸將市場利率降到自然利率之下，導致企業家將資金投向遠離最終消費的「資本化程度較高的生產」，增加迂迴生產的風險與資源錯配──投資品過度投資，即期消費品不足。當通膨來臨時，這種人為製造的繁榮便終結，接下來是不當投資引發企業破產和經濟危機。這時，只能由一場危機和失業來清算之前的不當投資與政府干預。顯然，這些觀點與凱因斯針鋒相對。

1931 年《物價與生產》（*Prices and Production*）一書出版，這本書正是這 4 次演講的合集。隨後，哈耶克也被聘為倫敦政治經濟學院的教授。

羅賓斯將哈耶克的〈儲蓄「悖論」〉發表在《經濟學刊》的頭

條,他正是這個報刊的主理人。在 8 月刊裡,哈耶克率先對《貨幣論》(*A Treatise on Money*)發起批評,這篇文章也被羅賓斯安排在《經濟學刊》的頭條上。下一個月刊裡,凱因斯的回應文章作為《經濟學刊》頭條。

乘勝追擊,哈耶克與羅賓斯商量後選擇了《貨幣論》作為辯論點。他寫了一篇長達 26 頁的書評,凱因斯發表了〈對哈耶克博士的回覆一文〉,一一辯駁,也寫下了對《物價與生產》的批評。

你來我往,哈耶克與凱因斯之間的論戰,是兩種不同觀點的交鋒,在英國經濟學界掀起波瀾。羅賓斯主理的《經濟學刊》成為他們倆論戰的主播臺,這個新成立的學刊的地位也順勢攀升,這正合羅賓斯心意。並且,凱因斯的回應讓英國經濟學界開始注意到了哈耶克。

二人的論戰直擊主題,但是論戰品質堪憂。雙方在語言與語義上耗費太大,哈耶克對凱因斯新創造的名詞懷有質疑,而凱因斯對德語下的奧地利學派不甚了解。這讓雙方感到疲憊。

1932 年初,凱因斯選擇息戰,只派出他的門徒斯拉法(Piero Sraffa)來回擊哈耶克,這時,他決定沉下心來寫一部新的作品。事實上,在與哈耶克的論戰中,他的確感受到自己在微觀理論上難以自圓其說。

最重要的是,這時大蕭條爆發了。

實際上,哈耶克與米塞斯的商業週期理論預言了大危機的到來。迄今為止,這一理論也是解釋金融危機最為充分的理論。但是,在當時,時局正在快速拋棄哈耶克。

1936年,大蕭條蔓延,經濟崩潰,企業破產,工人失業,企業家絕望,政治家和經濟學家迷茫。這時,凱因斯的《通論》出版,政治家拿著它向選民承諾,經濟學家視其為學術之光。

哈耶克並沒有對凱因斯的《通論》予以系統性的回擊。實際上,起初他也有這個計畫。在《通論》中,凱因斯找到了3個微觀理論來支持有效需求不足及干預主義。哈耶克一時難以用單篇文章來回應這一整套理論體系。最重要的是,當時凱氏理論風靡政學兩界,聲勢浩大,擁護者眾。

哈耶克及古典自由主義被拋棄了。1930年代後期,曾信奉自由主義的人,就連哈耶克的助手卡爾多(Kaldor)和學生約翰・希克斯(John Hicks)也都改投凱氏門庭。哈耶克的講座變得冷清,卡爾多時常在課堂上故意刁難哈耶克,後者頗感難堪和苦悶。

此後,哈耶克做了一些掙扎。他在1937年出版了小冊子《貨幣民族主義與國際穩定》(*Monetary Nationalism and International Stability*),在1939年出版了《利潤、利息和投資》(*Profits, Interest and Investment*)一書。1940年,哈耶克把關於貨幣、價格與生產的理論寫成了《資本的純理論》(*Pure Theory of Capital*),但沒有引起學界的關注。這是哈耶克最後一部純經濟學研究,此

後他走向了另外一條學術道路 —— 政治哲學（政治、法學、心理學與社會學）。

哈耶克改變學術道路是不是他與凱因斯辯論「失敗」的結果？

其實，當理性的聲音被狂熱的噪音淹沒時，你自然就會往這方面想：是不是人的觀念出了問題？用他的話來說就是：「只有觀念才能戰勝觀念。」

這條路的起點，源自哈耶克在 1936 年發表的〈經濟學與知識〉，「這是哈耶克學術生涯後半部分轉型中最重要的一篇論文」。

哈耶克將研究聚焦在個體行為上，他認為，人的行為本質上是資訊傳遞問題，私人產權、價格、利潤、服務等也是一種資訊。他將市場分工推進到知識分工領域（資訊分散化）。這讓他懷疑蘇聯社會主義下那種統一決策的可能性。

接著，二戰爆發，奧地利及歐洲大陸被納粹德國摧毀，米塞斯逃難美國。1940 年，倫敦進入了戰時狀態，倫敦政治經濟學院的全體師生遷移到劍橋，劍橋便逐漸成為戰爭時期的一塊綠洲。這時候，哈耶克與凱因斯交流變得密切了。凱因斯幫助哈耶克在劍橋大學國王學院找到了一個住處。凱因斯積極參與戰時政策的種種舉動也為哈耶克所讚揚。

對凱因斯出版的《如何籌款應付戰爭》，哈耶克評價道：「戰爭爆發，凱因斯幾乎是唯一明白事理、願意並能夠保護我們不受通貨膨脹衝擊的人。整個戰時，我都站在凱因斯一邊。有他

哈耶克：烏托邦的掘墓人

在，我覺得大快我心。」

二戰期間，哈耶克與凱因斯是同一個戰壕裡的人，他們共同的敵人是納粹主義。凱因斯在政治上堅持作戰，哈耶克在學術上苦苦堅守——準確地說，哈耶克這時正在轉向政治哲學領域，與極權主義頑強抗爭。

1944年，納粹德國敗局已定，哈耶克的《通往奴役之路》(The Road to Serfdom) 橫空出世，一鳴驚人，風靡世界。這本書在思想上給極權主義最後一擊。但是，哈耶克撰寫這本書的真正目的是，他擔心戰時備受推崇的國家管制及蘇聯社會主義在戰後的英國及歐洲膨脹。對於自由社會的前途，哈耶克憂心忡忡。

「通往地獄的路都是由美好的願望鋪就而成的」，「總是使人間變成地獄的東西，恰恰人們試圖使其成為天堂」，哈耶克在書中引用了德國詩人賀德林 (Friedrich Hölderlin) 的話，想以此警醒那些對烏托邦心存幻想的民眾。

當時，邱吉爾也在大選中提到此書，並藉此對工黨發起攻擊。這一事件更讓《通往奴役之路》成為全國談論的熱門話題。「世界正在走向左傾嗎」，《紐約時報》發文報導這本書，並且引發了廣泛討論。

在前往布列敦森林會議的路上，凱因斯對這本書寫下了回應，他旗幟鮮明地表示：道德上、哲學上，我幾乎贊同這本書的全部內容。不過，凱因斯顯然不同意書中政府干預導致極權

主義的論述。

此時，哈耶克化身為「烏托邦」的掘墓人，身披「自由鬥士」榮譽，戰鬥不止，名滿天下。

但是，這本書為哈耶克在經濟學界帶來的名聲，是讓他始料未及的。這本書的爆紅，讓他徹底喪失了專業經濟學家的身分。學界認為這不過是一本「流行讀物」，哈耶克是一個政治宣傳家和鼓動家。對此，哈耶克耿耿於懷，但又頗為無奈。時至今日，這種標籤依然無法抹去。

更讓哈耶克始料未及的是，二戰後的自由主義只不過是曇花一現。

1945年，二戰結束。哈耶克乘勝追擊，發表了一篇很重要的文章〈知識在社會中的應用〉，其成為他後來被引用次數最多的論文之一。這篇文章在「知識分工」上做了延伸，首次明確提出了「價格體系」之於市場的重要性。哈耶克認為，「從根本上說，在一個相關事實的知識掌握在分散的許多人手中的體系中，價格能協調不同個人的單獨行為」。這篇文章在米塞斯的社會主義經濟計算基礎上前進了一大步。哈耶克認為，只有價格才能將分散在所有人身上的資訊整合起來，而計畫是無法實現的。

第二年，凱因斯去世。哈耶克信心滿滿，曾以為自己是世上的另一個「最有名的經濟學家」了──哈耶克後來對自己有這種想法感到愧疚。1947年，哈耶克邀請傅利曼、奧伊肯、波普

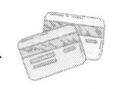

爾等來到瑞士，創辦了朝聖山學社，試圖復甦古典自由主義。

然而，時代再次拋棄了哈耶克。二戰後，短暫的自由主義熱潮大討論被擱置，歐美世界完全沒有按哈耶克擔心的最糟糕的、抑或是設想完美的道路上演進，而是走向了所謂的「中間道路」：美國在羅斯福新政上過渡到了凱因斯主義時代。英國工黨艾德禮（Clement Attlee）擊敗了邱吉爾，奉行費邊主義，開啟了福利國家道路。有人戲言，《通往奴役之路》讓邱吉爾丟掉了選票。聯邦德國的艾哈德（Ludwig Erhard）奉行奧伊肯經濟思想，實施經濟改革，走上了「社會市場經濟」道路。當然，蘇聯的計畫經濟如火如荼，「冷戰」即將拉開序幕。

凱因斯去世後，哈耶克的名字迅速被人遺忘。

03 自發秩序

在凱因斯主義主導學界的大環境下，世界上還有一個角落在被保護之下蓬勃興起了自由主義的學潮，那就是芝加哥大學。

1948年，哈耶克接受了芝加哥大學思想委員會的道德哲學教授委任。這是芝加哥大學校長提倡的跨學科研究方法的一種實驗。聘請哈耶克來的思想委員會主席是約翰·聶夫（John Neff），他告訴哈耶克：「只要你願意，你可以講授社會科學領域的任何問題。如果什麼時候你不想講課了，你就可以不講。」

哈耶克為什麼沒有進入芝加哥大學經濟學系？這個問題，

後來傅利曼做了解釋。他當時也剛來經濟系不久，還沒資格參與討論這個問題。但是，他的理解是，芝加哥的傳統是教授治校，任何受校長指派、外部贊助的人物，經濟系都會反對。更何況，經濟系對哈耶克的學術並不了解。其實，哈耶克本人也不太希望再進入經濟學領域，他此刻認為政治哲學包含了前者，觀念的理論更重要。

促使哈耶克離開英國，前往美國的還有另外一個原因。1949年，哈耶克決心要與他的第一任妻子海倫（Helen Berta Maria von Fritsch）離婚，重新與奧地利青梅竹馬的表妹在一起。他承受了龐大的輿論壓力，這也導致了他與英國好友羅賓斯的嫌隙加深，兩人甚至為此斷交。直到海倫去世，兩人才和解。

1950年，哈耶克辭去了倫敦政治經濟學院的教職，前往芝加哥大學。在芝加哥大學期間，哈耶克延續著自由主義的薪火。他開設了討論課，話題多以自由主義為中心。參與進來的學者眾多，如傅利曼、休厄爾·賴特（Sewall Wright）、恩里科·費米等。

傅利曼此時與哈耶克交流頻繁，在哈耶克離職芝加哥大學的晚宴上，他這麼評價哈耶克：「歷史上曾經試圖影響輿論的人，卻很少有人能像他一樣提出足以影響科學過程、透澈、淵博而又深刻的學術思想。也很少有人能像哈耶克那樣，對整個西方世界而不僅僅是對美國的觀念，產生如此深遠的影響。」

不過，哈耶克對芝加哥大學經濟系及傅利曼的理論幾乎沒

有影響。哈耶克說過，他與傅利曼之間存在諸多共識，除了貨幣理論和方法論。傅利曼是哈耶克在朝聖山學會中的堅定支持者，為了避免二人分裂，他們幾乎不會去觸碰分歧領域。

在此期間，哈耶克深耕於政治哲學，撰寫了《個人主義與經濟秩序》(*Individualism and Economic Order*)（1948年）和《科學的反革命》(*The Counter-revolution of Science: Studies on the Abuse of Reason*)（1952年）。哈耶克大量涉獵英國古典自由主義的理論，主要是大衛·休謨、史密斯和小密爾（John Stuart Mill）的自由觀念。在《個人主義與經濟秩序》中，哈耶克已經在政治哲學的學術道路上，從知識分工、價格體系推進到主觀主義與反建構主義。在《科學的反革命》中，哈耶克反對孔德（Auguste Comte）、聖西門（Henri de Saint-Simon）等將科學主義帶入經濟學領域。他反對理性的濫用，批判笛卡兒（René Descartes）理性主義導致人為建構秩序的可怕後果。

哈耶克還花了大量的精力寫作《自由憲章》(*The Constitution of Liberty*)，試圖從法律的角度解釋自由，闡述自由、民主與法治的關係。他反覆論述一些觀點，如民主是自由的保障而不是目的，經濟自由促進政治自由等。他查遍了學術文獻，在書中做了令人驚嘆的引用和備注，堪稱是《通往奴役之路》的學術版、升級版。哈耶克本以為這本書會獲得跟《通往奴役之路》一樣的回應，但是市場反應十分平淡。不過，在美國、英國的政界和知識分子間，這本書的影響力其實已經傳開。

1960 年，61 歲的哈耶克考慮離開芝加哥大學。這純粹是因為經濟原因，此時的他幾乎沒有儲蓄，離婚後的生活成本增加讓他陷入窘境。

1962 年，機緣巧合之下，聯邦德國的弗萊堡大學向哈耶克發出邀請，請他教授政治經濟學。弗萊堡大學是奧伊肯的大本營，早年哈耶克經常從英國開車到弗萊堡大學找奧伊肯聊天，不過此時，奧伊肯已經去世。

哈耶克在弗萊堡大學過得還算舒服，這裡學術氛圍與維也納大學十分相似，經濟學又設立在法律系教學課程中，他的政治哲學理論正好可以發揮作用。除了學術研究，他與妻子也頻繁旅遊。

在此期間，哈耶克寫出了《法律、立法和自由》（*Law, Legislation and Liberty*）一書。這本書更像《自由憲章》的續集，但是以更專業的水準撰寫而成。哈耶克試圖解答前書遺留的問題，即法律的誕生與自由的關係。哈耶克在書中提到了自然法，但拒絕了建構主義，提出了自發秩序。

自發秩序，源自英國經驗主義，有休謨和史密斯的思想成分，也有保守主義的特點。但是，哈耶克否認自己是一位保守主義者。所謂自發秩序，強調完全自然狀態演進下形成的人類社會秩序，不受任何人為的干擾。猶如自然界的生物自我進化，人類社會的內部演化也不應被某一個人或者少數人干擾。哈耶克試圖用自發秩序反對一切人為的理性的建構的制度。到

這裡，他提出，國家和社會圍繞著市場自發秩序來演變。他認為政府應該存在，但這種政府不是「最小化的政府」，而是「競爭最大化」的政府。他甚至提出，用自發秩序來解構一切規則與倫理秩序。除了少數親人外，鄰里關係、國民關係都應該是「自生自發」的關係。哈耶克認為這是「普遍的和平秩序」。

自發秩序，是哈耶克思想的核心，也是其思想旅途的巔峰。但是，《法律、立法與自由》這本書沒有引起太多關注。其一是因為晦澀難懂，其二是因為分期出版，而到最後一部分時，哈耶克因為身體原因難以完稿。到1960年代末，哈耶克長期遭受憂鬱症和心臟病的折磨。

1969年，他調到薩爾斯堡大學，也是因為經濟原因。但這裡的生活不如意，這個大學的經濟系規模很小，與哈耶克在學術上能夠有所交流的人不多。就在哈耶克彷彿陷入了他人生的谷底時，歷史的潮流又要被改寫了。

1970年代，歐美世界爆發滯脹危機，高通膨、高失業率並行，凱因斯主義節節敗退，自由主義失而復得。在美國，傅利曼扛起了大旗，在歐洲，哈耶克被推到了前臺。

1972年，一本名為《處境比預料的艱難：凱因斯的通貨膨脹遺產》的暢銷書應時而出，書中收錄了哈耶克早年多篇文章。面對眼前一團糟的經濟狀況，人們內心默默承認：哈耶克曾經對凱因斯的批評都是對的。哈耶克重新回到了歐洲公眾眼前。

這時，哈耶克獲得了一個消息：他獲得了1974年的諾貝爾

經濟學獎。誰都沒有預料到哈耶克會獲獎,畢竟他已經被經濟學界冷落了 30 餘年。哈耶克本人也十分吃驚,但毫無疑問,這種榮光也令他無比驕傲。

值得一提的是,這次經濟學獲獎者有兩位,另一位是默達爾(Gunnar Myrdal),一位高舉左翼大旗的瑞典經濟學家。有一種觀點認為,經濟學家擔心默達爾的獲獎會引起爭論,因此加上了哈耶克,以此中和爭論。

但是,這些並不重要了,時代潮流正在轉向他苦苦堅守一生的那方陣地。哈耶克是第一位獲得諾貝爾經濟學獎的自由主義者。諾貝爾獎再次為哈耶克帶來世界級的名望。1975 年,柴契爾夫人成為英國保守黨主席後,眾人對站在領袖背後的這位「哲學大師」更加好奇。柴契爾夫人在一次與內部官員爭論時,突然從手提包中拿出一本書,正是哈耶克的《自由憲章》。她大聲對官員們說道:「這才是我們應該信仰的。」

在英國的大眾媒體渲染下,哈耶克甚至成為柴契爾夫人幕後的軍師,甚至還有「教父」一說。事實上,哈耶克與柴契爾夫人只見過兩次面。

奇妙的是,哈耶克的身體也開始好轉,當時一位同僚評價:「獲獎前後的哈耶克幾乎判若兩人。」1978 年,哈耶克論戰的興致越發濃厚,他想要組織一場關於經典社會主義的大規模辯論。但是,最終這場擂臺賽也沒有辦成。哈耶克便將自己對辯論賽的想法,撰寫成書,即《致命的自負》(*The Fatal Conceit:*

The Errors of Socialism)。

最後幾年的學術生涯,哈耶克將精力貢獻給了《致命的自負》。

不過,這部作品在學術上沒能超越之前的。這本書的收穫應該是回歸到了方法論上,哈耶克形式上還是針對經典社會主義,實質上是從方法論上,主要是反對笛卡兒理性主義、建構主義,主張自發秩序(主觀主義、知識分工、個人產權與價格機制),詮釋人類文明的誕生與演進。當然,哈耶克在此也否定了傅利曼的「實證主義」。

1989年,《富比士》雜誌來到哈耶克家裡採訪,他對採訪感到很愉快。此時哈耶克的開懷或許還有另一種原因:這時,世界正在劇變。

哈耶克一生足夠幸運,從納粹主義到凱因斯主義,再到蘇聯解體,他親眼見到自己所反對的一切土崩瓦解。

1991年,哈耶克獲得了美國總統自由勳章,以表彰他為自由主義做出的貢獻。次年3月23日,哈耶克在弗萊堡離世,享耆壽近93歲。他被埋葬在故土維也納的林邊墓地中。在葬禮上,神父用德語布道說:

「他也曾一度尋求解決人類所面臨的種種大問題,他曾經努力地尋找答案。他本人確信,他找到的答案僅僅是一塊馬賽克瓷磚中的一小片而已。」

20世紀，是職業經濟學家崛起的世紀，卻是思想家衰落的世紀。這個時代，哈耶克的名字逐漸被人遺忘。或許，回歸平淡正是哈耶克所希望看到的。人類在1970年代後逐步完成了自由主義救贖，哈耶克念叨一生的教條已成為令人生膩的常識，那些「馬賽克瓷磚」已布滿廁所的牆壁。然而，當智者遍地行走的時候，正義與勇敢的純正品格又成為時代的稀缺品。

致敬弗里德里希·奧古斯特·馮·哈耶克！

參考文獻

(1) 史蒂芬·褚威格，昨日的世界[M]，舒昌善，孫龍生，劉春華等譯，2004.

(2) 艾倫·埃博斯坦，哈耶克傳[M]，秋風譯，2014.

(3) 路德維希·馮·米塞斯，社會主義：經濟學與社會學的分析[M]，王建民，馮克利，崔樹義譯，2018.

(4) 哈耶克，價格與生產[M]，許大川譯，1966.

(5) 美國經濟學會，美國評論百年經典論文[M]，楊春學，于飛譯，2018.

(6) 布魯斯·考德威爾，哈耶克評傳[M]，馮克利譯，2007.

(7) 哈耶克，法律、立法與自由[M]，鄧正來，張守東，李靜冰等譯，2000.

(8) 哈耶克，致命的自負[M]，馮克利，胡晉華譯，2000.

諾獎得主柏南奇：當前大危機的始作俑者？

2022 年 10 月，2022 年諾貝爾經濟學獎得主揭曉。聯準會前主席班·柏南奇（Ben S. Bernanke）、道格拉斯·戴蒙德（Douglas W. Diamond）和菲利普·迪布維格（Philip H. Dybvig）3 位美國經濟學家因對銀行和金融危機領域研究的突出貢獻而獲得這一獎項。

經濟科學獎委員會主席 Tore Ellingsen 表示：「獲獎者的見解提高了我們避免嚴重危機和昂貴救助的能力。」

諾貝爾經濟學獎不是諾貝爾獎的「嫡系」，它是由 1968 年諾貝爾基金會在瑞典中央銀行成立 300 週年時收到一筆捐款而設立的。諾貝爾經濟學獎評定標準不好掌握，有時頒出和平獎的味道，爭議相對大些。

不過，2022 年這 3 位「牌面」和「成色」較足。其中，知名度最大的是聯準會前主席班·柏南奇；戴蒙德為美國金融協會的前主席，迪布維格為西方金融協會主席，二人憑藉原創性貢獻近年被業界視為諾獎的熱門人選。3 位研究的共同方向是銀行中介、銀行監管、金融危機的應對。

本節介紹和分析 3 位得主在銀行和金融危機領域的研究成果，及其與金融危機的關係。

01 商業銀行為何存在？

對於輿論市場來說，雖然柏南奇的「咖位」更大，但我還是得從道格拉斯・戴蒙德說起。

戴蒙德出生於 1953 年，1975 年獲得布朗大學的學士學位，1976 年獲得耶魯大學的碩士學位，1980 年獲得該校的博士學位。本科期間，他還曾短暫地擔任過芝加哥大學蓋瑞・貝克（Gary Becker）教授的專案助理。獲得博士學位後，戴蒙德一直在芝加哥大學任教，現在是芝加哥大學布斯商學院默頓・米勒（Merton Miller）講席講授。

戴蒙德教授的經歷似乎少一些傳奇色彩，但其學術功底還是很深厚的，主要集中在金融中介、流動性危機和金融監管上。他和迪布維格在這一領域因做出開創性的貢獻而獲得較高的學術地位和諸多榮譽。

先說金融中介。金融中介的存在，是一個比較古老的話題。1970、1980 年代，這個話題再度升溫。市場開始意識到商業銀行的地位逐漸下降。對商業銀行造成衝擊的是當時正在崛起的兩股新勢力：投資銀行和資訊科技。

1971 年布列敦森林制度解體後，浮動匯率撬動了投資銀行市場，同時伴隨著美國分業銀行管理制度的鬆動，大量資金從商業銀行流入經營外匯、股票、基金、債券、期貨的金融機構，商業銀行日漸「失寵」。

資訊科技，一方面提高了商業銀行在支付和清算方面的效率，大大增強了其吸收存款、貸款擴張和風險管控的能力，從中央銀行手上爭取了更多的貨幣供應權；但是，另一方面，打破了資訊隔離去中介化，幫助資金繞開商業銀行直接輸送給需求方，實現了「金融脫媒」。

如果說投資銀行是商業銀行的直接競爭者，那麼資訊科技可能就是商業銀行的「掘墓人」。不過，戴蒙德並不認同這種觀點，為金融中介正名。

受史迪格里茲開創的資訊經濟學的影響，勒蘭德和帕勒於1976年在《資訊不對稱、金融結構和金融中介》中提出一個觀點：「金融中介存在是對資訊不對稱的反應。」這句話開啟了戴蒙德的學術「窗戶」，他按這一思路開始研究金融中介。

戴蒙德提出了三種觀點來解釋銀行存在的價值：流動性風險、代理監管和流動性支持。

流動性風險，是指出借方在資金跨期配置中容易出現流動性被「凍結」的風險。比如，哈耶克將錢借給一家房地產企業，週期為3年。其間，哈耶克突遇資金周轉困境需要贖回這筆借款，但借款方無法支援，將造成重大項目損失。

1983年，戴蒙德在與迪布維格合作的論文〈銀行擠兌、存款保險和流動性〉中指出，銀行作為金融中介的介入，可以為陷入流動性危機的投資者提供保險，減少衝擊帶來的破壞。原因是，銀行的活期存款可以讓存款人隨時贖回，同時不必對借

款抽貸。在資金跨期配置中存在「借短貸長」的矛盾，即出借方希望短借，借款方希望長借。銀行作為中介機構化解了這一矛盾，實現了資金的跨期配置。

代理監管，是指金融中介作為存貸兩方的代理人監督履約。

1984年，戴蒙德在論文〈金融中介和代理監督〉中提出了著名的「代理監督」（delegated monitoring）理論。他認為，由於資訊不對稱，出借方很難監督借款方；反之亦然。銀行作為金融中介扮演代理監管的角色，可以降低違約風險。

流動性支持，是指專用設備等固定資產缺乏流動性，而銀行可以為專用型資產提供流動性支持。戴蒙德和拉詹（Raghuram Govinda Rajan）合作的論文認為，銀行為專用型資產提供流動性支持，可以增加企業家購置專用設備的信心。這一理論可能受到了新制度經濟學家威廉森（Oliver E. Williamson）的專用性資產與合約理論的影響。

如何評價戴蒙德、迪布維格、拉詹對銀行作為金融中介而存在的解釋？

第一，戴蒙德認可銀行的重要性，但其將銀行界定為金融中介而解釋，未及本質。

本質上，銀行並不是金融中介，而是投資公司。我們不能忽略兩個重要的歷史事件：

一是西元1844年英國頒布《皮爾條例》。該條例確立了英格

蘭銀行的中央銀行地位及其銀行券的法幣地位，同時剝奪了銀行的鑄幣權。此後，各國中央銀行、法定貨幣以及商業銀行制度基本按此模式確立。

二是 1933 年美國頒布《格拉斯 —— 斯蒂格爾法》。該法案實施了分業經營制度，將商業銀行和投資銀行分開，商業銀行只負責存貸業務。

換言之，歷史上的銀行不是中介機構，如今的銀行是經過兩次「手術」切割之後的銀行。

穿透歷史，直擊本質，銀行其實是投資企業。不管是商業銀行還是投資銀行，都是經營投融資的金融機構。它們一邊吸收和買入資金，另一邊配置和賣出資金，實現跨期跨界配置，在風險經營中獲取利潤。商業銀行不是資金撮合的平臺，不存在為存款方和貸款方「代理監管」的問題。而戴蒙德提出銀行可以化解流動性風險和提供流動性支持，這恰恰是銀行作為投資機構的作用。在現實金融市場上，很多投資企業可以為專用資產提供流動性支持；很多基金如交易型開放式指數基金可以連續贖回（股票 —— 現金）。換言之，銀行與投資公司並無二致。

戴蒙德認為銀行透過創造流動性為經濟服務的結論是對的，但其解釋有些勉強。實際上，解釋銀行作用的最佳理論是信用創造論、經營風險論和資金配置論，即銀行透過創造信用和經營風險來跨期跨界配置資金。而這三項解釋都指向一點：銀行是一家投融資企業。

第二，戴蒙德將銀行界定為金融中介的解釋反而會掉入「金融脫媒」的陷阱，同時無法解釋銀行風險。

戴蒙德在與迪布維格合作的論文〈銀行擠兌、存款保險和流動性〉中指向了一個難題：儲戶必須信任銀行，否則會出現擠兌。銀行與普通投資者一樣，在「短借長貸」中也面臨擠兌風險。

怎麼辦？

戴蒙德－迪布維格（Diamond-Dyvig）模型提供的解決方案是政府提供存款保險和央行扮演最後貸款人角色。兩位作者因此論文而聞名，它是《金融與經濟學》(*Finance and Economics*)中被引用最多的論文之一。但是，這個方向最終與柏南奇殊途同歸，走向中央銀行干預之路。

02 中央銀行為何干預？

班・柏南奇不僅是一位資深的經濟學家，還是聯準會前主席，領導聯準會應對 2008 年的金融危機。

柏南奇也是出生於 1953 年，1975 年獲得哈佛大學文學學士學位，1979 年獲得麻省理工學院博士學位。麻省理工經濟系是美國凱因斯主義的大本營，但柏南奇進入該校時，薩繆森的學術地位每況愈下。接過大旗的是斯坦利・費希爾（Stanley Fischer）、史迪格里茲等經濟學家。費希爾擔任了麻省理工經濟系主

任，還是柏南奇的論文導師，他將麻省理工經濟系打造成為「全球央行行長輸出基地」。費希爾後來擔任了聯準會副主席、以色列央行行長，柏南奇擔任了聯準會主席，柏南奇的學長馬里奧・德拉吉（Mario Draghi），曾為義大利總理，曾擔任義大利中央銀行行長和歐洲中央銀行行長。

薩繆森那一套被滯脹危機「打垮」後，費希爾、史迪格里茲等借鑑了傅利曼的價格理論、貨幣主義和通膨理論，試圖重新解釋干預主義的合法性。費希爾要求柏南奇閱讀傅利曼的《美國貨幣史》後再確定博士論文選題。

後來柏南奇回憶道：「讀過傅利曼和許瓦茲（Anna Schwartz）的《美國貨幣史：1867－1960》後，我對大蕭條的問題著迷了，就好像那些研究南北戰爭的愛好者一樣，我不僅找到所有關於那段時間經濟的書和資料來讀，還看政治、社會、歷史方面的書。但核心的問題──我管它叫總體經濟學的『聖盃』，還是它為什麼會發生，為什麼如此嚴重。」

傅利曼這本書對大蕭條的解釋對柏南奇影響深遠。傅利曼認為，如果班傑明・史壯還活著，聯準會會在1929年市場崩潰後施行激進的寬鬆政策，從而避免因為信貸收縮而帶來的銀行倒閉潮。

柏南奇繼承了傅利曼關於流動性緊縮引發大蕭條的觀點，並且追溯到金本位制度上。他認為，金本位制度的剛性約束限制了聯準會擴張貨幣。他援引了大量資料說明越早放棄金本位

制度的國家，越快從大蕭條中復甦過來。另外，他也吸收了費希爾市場非連續出清假設，說明薪資黏性阻礙了市場出清，使得危機持續蔓延。

除了解釋大蕭條外，柏南奇另一大學術貢獻是提出「金融加速器」理論。金融加速器理論繼承了漢森（Hansen）、薩繆森的乘數——加速思想，借鑑了明斯基（Hyman Minsky）的金融不穩定假說。1989 年，柏南奇和馬克・格特勒（Mark Gertler）共同發表論文〈代理成本、淨值與經濟波動〉。在這篇文章中，他們試圖論證金融市場「不完美」。金融中介啟用槓桿擴張信貸，提高了融資的代理成本，放大了金融風險。企業使用抵押品獲得信貸，危機爆發時，資產淨值縮水，融資能力下滑，由於債務具有剛性，償債能力下降（類似於歐文・費雪的債務——通縮螺旋）。同時，金融中介在危機時緊縮流動性，延長了市場出清週期。

柏南奇的大蕭條和「金融加速器」理論，最後都指向一個出口：央行在危機時刻透過逆週期操作扮演補充流動性和穩定市場信心的拯救者。

柏南奇先後在史丹佛和普林斯頓大學任教，曾擔任後者經濟學系主任。1987 年開始，柏南奇開始了自己的聯儲職業生涯，先後擔任費城、波士頓、紐約三大聯儲的理事。2002 年，柏南奇被小布希總統任命為聯準會理事。

當年，在傅利曼 90 歲生日宴會上，剛擔任聯準會理事的柏

南奇作為代表發言,他對傅利曼說:「關於大蕭條,你們是對的,聯準會的確難辭其咎,我們非常抱歉,但多虧了你們,我們不會重蹈覆轍。」

在葛林斯潘主導的引致次貸泡沫的寬鬆週期中,柏南奇作為決策者之一持贊同意見。他回憶說,自己以及聯準會的理事基本上都意識到房地產過熱,但是幾乎所有人都低估了風險。只有蘇珊(Susan Bies)理事對風險的感知要強烈得多,她推動市場公開操作委員會特意召開了一場關於風險評估的專題討論會。但是,很可惜的是,柏南奇及多數理事沒能跟上蘇珊的節奏。

2006年,柏南奇接替葛林斯潘出任聯準會主席,次年次貸危機爆發,他如何踐行自己對傅利曼的承諾?

從學術理論到聯儲決策,柏南奇一以貫之。次貸危機開始時,柏南奇認為風險主要集中在幾家金融中介身上,他與財政部長亨利・鮑爾森(Henry Paulson)化身救火隊長,與華爾街大老周旋,試圖迫使他們出資拯救雷曼,但結果未遂。2008年9月15日,雷曼宣布破產,次貸危機全面升級為金融危機。金融機構快速收縮貸款,市場立即陷入流動性恐慌,隔夜拆借利率飆升。柏南奇展現其「行動的勇氣」,立即執行逆週期操作,透過聯準會向市場輸送流動性。隨著危機迅速蔓延,柏南奇啟動了一輪前所未有的大寬鬆週期。他將聯準會基金利率下調到零附近,實施量化寬鬆大規模購債,越過商業銀行直接向企業提

供貸款,同時創設了一系列公開市場操作的工具。

不過,柏南奇駕駛「Ben」號直升機撒錢,遭到了無數指責。

批評者認為,柏南奇濫用鑄幣權拯救那些製造危機的金融公司。聯準會救助美國國際集團耗費了 850 億美元的鉅資,這被媒體嘲諷為「大到不能倒」經典案例,柏南奇對此也頗為懊惱。

柏南奇多次搬出聯儲法律和白芝浩原則替自己的行為辯護。柏南奇、鮑爾森和蓋特納組成的「救市三劍客」共同出版了《救火:美國三大財政巨頭揭露 2008 年金融危機的救市內幕》(*Firefighting: The Financial Crisis and Its Lessons*),書中寫道:「西元 1873 年,英國記者沃爾特・白芝浩撰寫了《倫巴底街》,該書被中央銀行奉為聖經,其主要論點至今仍是危機應對策略中的關鍵部分。」

但是,當面臨「如何避免『最後貸款人』引發道德風險」這一關鍵問題時,柏南奇開始扮演「嚴父」角色,主張金融監管。他在《行動的勇氣》一書中強調金融監管的事前作用,認為干預是無奈之舉。

實際上,央行支持者最終都會指向監管。2001 年,戴蒙德和拉詹將亞洲金融危機爆發的原因之一界定為監管缺失。對於 2008 年金融危機的原因,戴蒙德認為是低利率催生泡沫、銀行對流動性風險的雙重態度和監管不力。

對比柏南奇與戴蒙德的研究：柏南奇認為銀行擴張風險、金融市場「不完美」，戴蒙德認為銀行作為金融中介可以提供流動性支持降低風險；但二人都認為，銀行很重要，需要政府和中央銀行提供保護，同時需要中央銀行監管。

　　從商業銀行到中央銀行，柏南奇和戴蒙德推演了銀行系統如何履行穩定總體經濟的公共職責。不同的是，柏南奇是拯救大危機的實際操刀者。

03 金融危機為何爆發？

　　在這場危機中，柏南奇改變了聯準會，也改變了世界經濟走勢。當然，凱因斯、薩繆森、費希爾、傅利曼和麻省理工造就了柏南奇，小布希和歐巴馬選擇了柏南奇，而民意推動了柏南奇。

　　經濟學家該如何評價柏南奇的行動？

　　2009 年 12 月 16 日，《時代週刊》將柏南奇評選為當年的年度人物，肯定了他在領導聯準會處理金融危機時成功避免了通貨緊縮。柏南奇也多次強調，聯準會的救市行動避免了大蕭條重現。

　　如今，10 多年過去了，批評聲音仍不絕於耳。不少經濟學家認為，聯準會的量化寬鬆政策並未化解危機，反而阻斷了市場出清，導致了危機時代經濟持續低迷。更重要的是，柏南奇導致聯準會的貨幣制度失控，資產負債表快速膨脹，債務風險與

資產泡沫風險像幽靈一樣盤旋於全球經濟上空；同時還破壞了自由競爭和公平秩序，加劇了貧富分化、社會矛盾和「公地悲劇」。

在次貸危機前的那輪緊縮行動中，葛林斯潘曾對柏南奇說，貨幣緊縮到底是化解風險還是刺破泡沫，在當下是很難判斷的。如今，美國重返大通膨，債務「灰犀牛」起跑，這是鮑威爾該背的鍋，還是柏南奇當年埋的雷？柏南奇，到底是「沒有浪費一次危機」，還是「製造了更大的危機」？

這是未解之謎，源自「央行悖論」。

央行，作為市場主體，為市場提供貨幣；同時，作為公共機構，承擔充分就業和穩定總體經濟的公共職責；而兩者的使命、職責、目標和操作思想是相互矛盾的。

自由市場支持者傾向於將央行界定為一個去公共化的市場「中立機構」，認為即使在危機爆發時，央行都應該恪守貨幣發行紀律，錨定中性利率，避免過度干預市場，支持市場快速出清。在大蕭條之前，這種清算主義思想在聯準會、白宮和財政部內部頗為流行。

政府干預支持者傾向於將央行塑造為一個集拯救者和監管者於一身的公共機構，在危機時刻藉助公共信用逆週期操作，為市場注入流動性，以穩定市場信心、避免金融系統崩潰。在大蕭條期間，埃克斯上任將這種凱因斯主義思想根植於聯準會系統之中；在金融危機爆發後，柏南奇將這一思想「逆風飛揚」。

就單個事件來說，央行或許拯救了經濟，也或許製造了新危機。就過去 100 多年的經濟歷史來看，幾乎每一場金融危機都跟央行的貨幣政策有關係。

以日本為例。哥倫比亞大學教授伊藤隆敏和東京大學教授星岳雄在《繁榮與停滯》中分析了日本經濟發展和轉型。透過兩位教授的分析，我們可以發現，日本的每一場經濟危機都跟銀行制度及貨幣政策失當有關。比如，1923 年日本關東大地震後，日本政府實施地震票據貼現損失擔保政策，讓銀行收購企業票據，引發銀行破產危機。又如，1990 年之前的貨幣政策直接導致了泡沫危機。

下面重點介紹大蕭條期間的日本經濟政策。1930 年，日本恢復金本位制度，但高估了日圓與黃金的比例。這一錯誤的政策，疊加美國大蕭條外溢到東亞，導致日本經濟迅速通縮。次年，日本前首相、77 歲的高橋是清再次出山拯救經濟。他迅速放棄了金本位制度，禁止黃金兌換，大規模擴張貨幣購買國債以支持財政投資，促使日圓貶值推動出口。高橋也因此被稱為「日本的凱因斯」。

從 1931 年到 1935 年，日本政府的財政支出從 1,500 億日圓飆升到 2215 億日圓。政府財政支出增量主要由日本銀行買單。1931 年 12 月到 1932 年 12 月，日圓對英鎊貶值超 40%，對美元貶值達 60%。

這刺激日本經濟短期回暖，1932 年和 1933 年，批發價格分

別上漲 7%、12%，實際 GDP 分別上漲 8%和 7%。可以界定為「大通膨復甦」，與 2021 年下半年到 2022 年上半年的美國類似。

1935 年，高橋開始「煞車」，緊縮貨幣和財政支出，削減政府軍費。但是，高橋前期的財政擴張極大地膨脹了軍國主義的力量。

次年，一群年輕軍官闖入高橋臥室將其殺死。至此，軍國主義勢力徹底失控。

銀行系統為何成為危機之源？

答案並不是金融市場不穩定、「不完美」，事實恰恰相反。如果一個人堅信經濟學基本原理，那麼他更容易相信市場的穩定性。我們幾乎看不到全球餐飲店、理髮店、便利商店爆發經濟危機。為什麼？因為這些市場具有資訊分散的、自由流通的自發秩序，是人為干預最少的市場。本質上，市場分權具有穩定性；而市場集中反而是危險的。沒有市場危機，只有個體危機；市場不會死亡，只有個體出清。現實中即使危機爆發，市場之危機也是合意的，而人為之危機是非合意的。

覆盤近半個世紀的經濟危機，你會發現一個愈加明顯的趨勢：經濟危機與由「商業銀行 ── 中央銀行 ── 法定貨幣 ── 主權債券」構成的大銀行大財政主義愈加密切，而遠離其他市場因素。在當今全球化時代，聯準會等西方央行的大銀行大財政主義幾乎是大型計畫統制經濟。這一制度設計符合大眾的直覺、菁英的自負和眾生的投機主義，以公共信用之大樹拯救蒼

生於水火。

回到現實，如果競爭性的「國家市場」未形成，大銀行大財政主義唱主角，那麼人們只能祈禱一位英明神武的德配天地的行長執掌經濟命脈。他能在任何時候均提供合意的貨幣供應量和執行中性利率。他是葛林斯潘、柏南奇，還是鮑爾？他是God。

我認為，柏南奇、鮑爾的努力值得尊重，只是他們站在古羅馬城邦內指揮紐約州百老匯大街 18 號。

參考文獻

(1) 陳永偉，2022 年諾貝爾經濟學獎得主戴蒙德：為金融中介正名［N/OL］，2022-10-11［2023-01-02］.

(2) 班·柏南奇，陳劍，柏南奇論大蕭條：經濟的衰退與復甦［M］，2022.

(3) 陳永偉，2022 年諾貝爾經濟學獎得主柏南奇小傳：聯準會裡的陌生人［N/OL］，2022-10-10［2023-01-02］.

(4) 班·柏南奇，蒂莫西·蓋特納，亨利·鮑爾森，滅火：美國金融危機及其教訓［M］，馮毅譯，2019.

(5) 班·柏南奇，行動的勇氣［M］，蔣宗強譯，2016.

(6) 伊藤隆敏，星岳雄，繁榮與停滯［M］，郭金興譯，2022.

國家圖書館出版品預行編目資料

全球經濟失控中！金融危機的隱祕週期與未來預測：市場崩潰、糧食危機、能源短缺⋯⋯從地緣政治到全球危機，經濟秩序的崩解與重建 / 智本社 著 . -- 第一版 . -- 臺北市：沐燁文化事業有限公司 , 2024.11
面； 公分
POD 版
ISBN 978-626-7557-85-3(平裝)
1.CST: 國際經濟關係 2.CST: 景氣循環 3.CST: 經濟發展
552.1　　113016991

電子書購買

爽讀 APP

全球經濟失控中！金融危機的隱祕週期與未來預測：市場崩潰、糧食危機、能源短缺⋯⋯從地緣政治到全球危機，經濟秩序的崩解與重建

臉書

作　　者：智本社
發　行　人：黃振庭
出　版　者：沐燁文化事業有限公司
發　行　者：沐燁文化事業有限公司
E - m a i l：sonbookservice@gmail.com
粉　絲　頁：https://www.facebook.com/sonbookss
網　　址：https://sonbook.net/
地　　址：台北市中正區重慶南路一段 61 號 8 樓
Rm. 815, 8F., No.61, Sec. 1, Chongqing S. Rd., Zhongzheng Dist., Taipei City 100, Taiwan
電　　話：(02) 2370-3310　　傳　　真：(02) 2388-1990
印　　刷：京峯數位服務有限公司
律師顧問：廣華律師事務所 張珮琦律師

-版權聲明-

本書版權為中國經濟出版社所有授權崧博出版事業有限公司獨家發行電子書及繁體書繁體字版。若有其他相關權利及授權需求請與本公司聯繫。
未經書面許可，不得複製、發行。

定　　價：420 元
發行日期：2024 年 11 月第一版
◎本書以 POD 印製

Design Assets from Freepik.com